Mit Kakteen leben

Kakteen richtig pflegen

Inhalt

SPEZIAL Kakteen dekorativ
arrangieren 28

Die Anordnung von außergewöhnlichen
Pflanzen ist gar nicht so schwer – wir wollen Sie mit einigen Beispielen inspirieren!

Schönheit für Auge und Herz: Wie man
Kakteen veredeln kann und welche
Kakteen besonders blühwillig sind.

Warum uns Kakteen
faszinieren

Kakteengewächse erfreuen sich zunehmender Beliebtheit. Das ehemalige Nischendasein dieser Exoten hat zur Freude vieler Kakteenliebhaber ein Ende. War der Kaktus noch vor einiger Zeit beliebtes Mitbringsel für Menschen, die man eher ungerne besuchte, so sind die Zeiten, in denen ein Kaktus hauptsächlich Sinnbild für zwischenmenschliche Antipathien war, nun vorbei. Diese nicht immer nur dornigen Schönheiten sind zu vielgestaltig, zu interessant und zu extravagant, als dass wir sie am Rande unserer Wahrnehmung verdorren lassen sollten.
Die Spezialisten und Enthusiasten unter den Pflanzenkundlern waren schon immer mit die leidenschaftlichsten Liebhaber, Sammler und Forscher. Heute jedoch ist die Beschäftigung mit den ursprünglich aus der Neuen Welt stammenden Kaktusgewächsen zu einer populären Pflanzen- und Gartenkultur avanciert. Das liegt unter anderem daran, dass sich auch hierzulande einige winterfeste, im Garten ausgepflanzte Exemplare etabliert haben, die nicht allein im Sommer durch ihre schöne Blüte bestechen, sondern die auch durch stetes Wachstum größer werden können als ihre in Gefäßen im Innenraum kultivierten „Kollegen".

Einen Hauch von Wüstenflair können wir uns alle nach Hause holen. Und zwar ganz einfach: aus dem Gartenmarkt, über den Fachhandel, vom Baumarkt oder gar dem Einkaufszentrum. Kakteen gibt es heute fast überall. Dabei ist die Auswahl so mannigfaltig, dass man für jede Wohnung die geeignete Art wählen kann – wenn man über entsprechendes Hintergrundwissen verfügt.

Blühendes Wunder: Oben ein Weihnachtskaktus (Schlumbergera), rechts Mammillarien und Lobivien.

Gestatten: Kaktus

Naturwunder Kaktus

Die Pflanzenfamilie der Kakteen ist entwicklungs- geschichtlich gesehen noch recht jung. Erstmals im 16. Jahrhundert als melonen- ähnliche Blumen erwähnt, traten sie innerhalb kürzes- ter Zeit ihren Siegeszug rund um den Globus an. Die Bezeichnung „Cactus" wurde vom schwedischen Botanik-

Der Westernkaktus Carnegiea gigantea

Pionier Carl von Linné vom griechischen Wort „kàktos" abgeleitet und heißt soviel wie „stachelige Pflanze". Die alten Griechen nutzten die Vokabel vor der Entdeckung der Kakteen als Bezeichnung für die ebenfalls stachelige Artischocke.

Die Familie der Kakteenge- wächse (botanisch: Cacta- ceae) besteht aus etwa 300 Gattungen mit annähernd 3000 Arten. Kakteen sind fettfleischige, sukkulente Gewächse (lateinisch: „suc- cus" = Saft), die sich im Lau- fe der Jahrhunderte ihrer Umgebung und den relativ kargen Bedingungen ihres Lebensraumes angepasst haben. Dabei gibt es Kakteen mit einer Wuchshöhe von gerade mal 2 cm bis hin zu stattlichen Exemplaren von 20 m Höhe.

Die Organe der Kaktuspflan- zen können aufgenommene Wasservorräte für lange Zeit speichern und je nach Bedarf verbrauchen. Diese Fähigkeit sichert ihr Überleben und verschafft ihnen in ihrem meistenteils sehr trockenen Habitat einen klaren Vorteil gegenüber nichtsukkulenten Pflanzen.

Der integrierte Wasserspeicher

Zu diesem Zweck haben Kakteen ein so genanntes „kortikales" Wassergewebe, was den Gewächsen ermög- licht, ihre Flüssigkeitsres- sourcen in der äußeren Rinde zu speichern. Einige Arten, beispielsweise der bekannte Western- oder Saguaro-Kaktus (*Carnegiea gigantea*) nutzen zusätzlich das Mark ihres Körpers für die Aufbewahrung von Wasser.

Pflanzeneigene Schutzmechanismen

Die Blätter eines Großteils der Kakteen verkümmerten im Laufe der Evolution zu Dornen. Dornen sind dabei keinesfalls mit Stacheln zu verwechseln, denn sie sind ein fest mit dem Pflanzen- körper verwachsener Teil. Echte Stacheln, zum Beispiel bei den Rosengewächsen, sitzen nur außen auf der Epidermis auf – als wären sie aufgeklebt. Die Dornen schützen die Kakteen zum einen vor greller Sonnenein-

Momentaufnahme des Opuntia macrocentra nach einem Regenguss.

strahlung, zum anderen aber auch vor natürlichen Fraßfeinden. Um das eigene Leben und somit die Gesamtpopulation vor Tieren (heutzutage auch vor sammelwütigen Menschen!) zu schützen, bedient sich die Natur weiterer ausgeklügelter Tricks: Viele Kakteen integrieren sich geschickt in das Landschaftsbild ihres Habitats, indem sie ihre Oberflächenfarbe und -strukur der Umgebung anpassen. Diese Eigenschaft wird in Fachkreisen „Mimese" genannt. So tarnen sich beispielsweise einige *Ariocarpus*-Arten und andere kleinere Kakteen derart perfekt, dass man sie nur mit geübtem Auge oder per Zufall entdecken kann. Meist sehen sie aus wie Steine oder versinken sogar komplett im Boden. Einige Kakteen bilden zudem im Inneren ihrer Körper bestimmte, meist berauschende oder leicht giftige Wirkstoffe aus (siehe Seite 12f.), welche ebenfalls dem Schutz vor Fraßfeinden dienen. ●

SMART

Die Unterfamilien der Cactaceae

Unterfamilie	Gattungen
Pereskioideae	*Pereskia*
	Maihuenia
Opuntioideae	*Opuntia*
	Pereskiopsis
	Pterocactus
	Quiabentia
	Tacinga
Cactoideae	alle anderen

Heimat und Ansprüche

Von einigen in Afrika und Asien heimischen Arten der Gattung *Rhipsalis* abgesehen, ist der amerikanische Kontinent die ursprüngliche und eigentliche Heimat der Kakteen. Mittlerweile ist die Pflanzenfamilie durch Sammler- und Forscherhand aber „weit gereist" und hat sich auf allen Kontinenten mehr oder weniger etabliert. Die größte natürliche Artenvielfalt findet man nach wie vor in Mexiko und anderen amerikanischen Ländern. Dort haben Kakteen und sukkulente Pflanzen eine richtiggehende soziale und religiöse kulturelle Integration erfahren – im Gegensatz zur eingeschränkten Bedeutung in unseren Breiten.

In Wüsten, an Küsten, in Gebirgen

Die Lebensräume der Kaktusgewächse sind so vielfältig wie die Pflanzen selbst: Die widerstandsfähigen Arten besiedeln Wüstenlandschaften (sowohl Trocken- als auch Halbwüsten) und trotzen mitunter den bis ins Extreme reichenden Witterungsverhältnissen zwischen glühender Hitze am Tage und frostiger Kälte bei Nacht. Sie bewohnen Grasland und Küstengebiete ebenso wie steinige und verschneite Gebirgsregionen bis in luftige Höhen (bei Temperaturen bis zu −20 °C), überstehen Schneestürme und pralle Sonne im Wechsel. Kakteen überleben zwischen Gestein, in Sand-, Lehm- und normalen Erdböden, sie wachsen sogar im subtropischen und tropischen Ur- und Regenwald bei feuchtem Klima und ohne direkte Sonneneinstrahlung, indem sie es sich auf Bäumen bequem machen.

Kakteen = genügsam?

Die meisten Menschen glauben, dass Kakteen nur geringe Ansprüche stellen. Dieses Vorurteil begründet sich vermutlich in der erläuterten Robustheit der Pflanzen gegenüber widrigen Lebensbedingungen. Vernachlässigt man einen Kaktus über Wochen und Monate, so ist meistens keine unmittelbare Beeinträchtigung erkennbar. Manche Arten neigen sogar dann noch zum Blühen, wenn sie überhaupt keine Beachtung und Pflege mehr erfahren. Das ist bei anderen Pflanzen nur sehr selten der Fall. Dem Vorurteil, Kakteen bräuchten gar nicht gegossen zu werden, muss hier widersprochen werden. Wie

Die Lebensräume der Kakteen

- Trocken- und Halbwüsten
- Gras- und Weideland
- Küstengebiete
- Gebirgsregionen
- Subtropische und tropische Ur- und Regenwälder

Eine schöne Gruppe gelb blühender Opuntia phaeacantha am Freilandstandort.

jede andere Pflanze benötigt auch ein Kaktus Flüssigkeit, um sein Überleben dauerhaft zu sichern. Allerdings kann man für die Gesamtheit der verschiedenen Kakteen-Arten keine allgemeingültige Aussage hierzu treffen. Es gibt Gattungen, die außerordentlich anspruchsvoll sind und einige Erfahrung seitens des Pflanzenfreundes sowie besondere Behandlung, Haltungsmaßnahmen und Standortbedingungen erfordern. Diverse Arten sind für die Fensterbank überhaupt nicht geeignet und können nur vom Profi unter Gewächshausbedingungen am Leben erhalten werden. Solchen, den Spezialisten vorbehaltenen Kakteen wird sich das vorliegende Buch nicht widmen, da für diese ein zu umfangreiches botanisches Grundlagenwissen erforderlich ist. Dem Pflanzenfreund, der mit diesem Buch erste zarte Bande mit Kakteen knüpfen will, werden solch heikle Pflanzen keine Freude bereiten. Robuste „Einsteigerpflanzen" sind hier besser geeignet.

SMART

Auch Kakteen wollen Wasser!

› **Viele Arten** benötigen weit weniger Flüssigkeit als andere gängige und beliebte Haus- und Gartenpflanzen. Zwar darf man das Gießen eines Kaktus' ruhig einmal versehentlich vergessen. Auf Dauer jedoch tut Wassermangel keinem Gewächs wirklich gut. Also: gewissenhaftes, regelmäßiges Bewässern der Kakteen nicht vergessen!

Historisches und Interessantes

Kakteen dienen in ihrer Heimat Amerika nicht nur als Zierde. Viele Menschen, zumeist Angehörige indigener Völkergruppen, verwenden die Gewächse schon seit jeher als Nutzpflanzen für unterschiedliche Zwecke. Die wüchsigeren Exemplare, beispielsweise die Wachsfackel-Kakteen (*Cereus*-Arten), dienen in den weitgehend baumfreien Gegenden Amerikas als Brennstoff und praktisches Baumaterial, unter anderem zur Herstellung von Zäunen, Häusern und Einrichtungsgegenständen. Die Dornen einiger Arten werden zu Nähnadeln, Angelhaken, Zahnstochern und Kämmen verarbeitet. Einige Kakteen finden außerdem als Nahrungsmittel Verwendung. So können aus den Trieben und Früchten vieler Arten auf vielfältige Weise wohlschmeckende und nahrhafte Hauptspeisen, Desserts und Süßigkeiten bereitet werden. So vielgestaltig sich die Familie der Kakteen schon optisch präsentiert, so breit gefächert ist auch das Spektrum von Verwendungsmöglichkeiten der Gewächse.

Läuse erwünscht

Eine weitere Anwendung einer Kaktus-Art als Nutzpflanze erfährt die in Mexiko Nopalnochetzli genannte *Opuntia cochenillifera*. Auf dem Kaktus wird eine spezielle Schildlaus, die Cochenille-Laus („Nochetzli"), gehalten, weil sie ein wertvoller Farbstofflieferant ist. Die erwachsenen Läuse werden von den Opuntien abgekratzt, über heißem Wasserdampf abgetötet und anschließend in der Sonne getrocknet. Die zu einem Pulver verarbeiteten Weibchen werden zur Herstellung eines rot-blauen Farbtones genutzt, aus Männchen produziert man eine scharlachrote Farbe.

Erfunden wurde diese Art der Farbstoffgewinnung von den Azteken. Die im 16. Jahrhundert in Mexiko einreisenden Spanier waren von der Tradition so beeindruckt, dass sie die Praktiken übernahmen bzw. sich Cochenille-Farben aus Mexiko liefern ließen.

Kakteen als Medizin

Viele Kaktusgewächse verfügen über ein ausgeklügeltes System von pharmakologisch wirksamen Inhaltsstoffen, das einer Schädigung durch Tiere vorbeugt. Eine stattliche Anzahl der Pflanzen produziert dabei medizinisch wertvolle Wirk-

---

SMART

Kakteen als Rauschmittel

› **Der berüchtigte Peyote** (*Lophophora williamsii*) weist unter knapp sechzig Verbindungen das halluzinogene Alkaloid Meskalin auf, das indianische Schamanen schon seit Urzeiten für rituelle Zwecke nutzen. Neben *Lophophora* existieren zwölf weitere Kakteen-Gattungen, die diesen Inhaltsstoff ausbilden. Zudem enthalten einige Kakteen Koffein, andere wiederum amphetaminartige Substanzen.

Der „Schnapskopf" und Rauschkaktus Lophophora williamsii

stoffe. Weit über fünfzig Arten werden weltweit therapeutisch eingesetzt. So enthält die Königin der Nacht (*Selenicereus grandiflorus*) eine herzwirksame Substanz, die innerhalb der Homöopathie zur Therapie von Herzerkrankungen (Angina pectoris u.a.) verwendet wird. Die inhaltsstoffreichen Pflanzen werden unter anderem als Medizin, Aphrodisiaka,

Gifte und Rauschmittel (siehe Kasten) genutzt. Bei der herrschenden Vielfalt der chemisch aktiven Kakteen sind bei weitem noch nicht alle Wirkstoffe der Familie analysiert worden. Es ist davon auszugehen, dass innerhalb der nächsten Jahre durch die Forschung noch einiges Interessantes entdeckt wird.

SMART

Vielfältig einsetzbar

> Baumaterial und Brennstoff
> Dinge des täglichen Bedarfs (Nähnadeln, Angelhaken, Zahnstocher)
> Nahrungsmittel
> Wirtspflanze für Farbstoff liefernde Läuse
> Medizinische Zwecke

Familie mit 100 Gesichtern

Wie bereits im Abschnitt „Naturwunder Kaktus" umrissen, wird die Familie der Kakteen in drei Unterfamilien unterteilt:

▸ in die Pereskienartigen (Pereskioideae),
▸ die Opuntienartigen (Opuntioideae) und
▸ die übrigen, die wir unter dem Namen Cactoideae zusammenfassen.

Die Vielfalt innerhalb dieser botanischen Familie ist so groß, dass die einzelnen Gattungen der Subfamilien nochmals ihrem Aussehen entsprechend unterschieden werden. Das ist dann auch für den Laien besser verständlich. Neben den Pereskien- und Opuntienartigen werden also gemäß ihres Erscheinungsbildes noch die Laubkakteen, die Gliederkakteen, die Blattkakteen, die Blattwarzenkakteen, die echten Warzenkakteen, die Kugelkakteen, die Schlangen- und die Säulenkakteen unterschieden.

Nachteil dieser Einteilung ist, dass manche Gattungen in mehrere Gruppen eingeordnet werden können, zum Beispiel zählt *Rhipsalis* sowohl zu den Glieder-, als auch zu den Blatt- und Schlangenkakteen (siehe unten). Außerdem müssen intern noch weitere Formen unterschieden werden, nämlich baumartige, strauchartige, säulige, kurzsäulige, kugelige und scheibenförmige Kakteen. Auch kommt es vor, dass eine als Kugelkaktus definierte Pflanze im fortgeschrittenen Alter nicht mehr rundlich, sondern von eher kurzsäuliger oder gar schlangenartiger Wuchsform ist. Da wir uns hier zu weit in wissenschaftliche Gefilde wagen würden, schauen wir uns nun die auffälligsten Merkmale einzelner Kakteenformen an:

Unterscheidungs-merkmale

▸ Die urtümlichsten Vertreter der Kakteen sind nach heutigem Stand des Wissens

Ein stark bewehrter Kaktus: Stetsonia coryne

die Laubkakteen (Pereskien), die aufgrund ihres Aussehens mit dem blattartigen Wuchs von Laien nur schwer als Kakteengewächse zu identifizieren sind.

▸ Die opuntienartigen Kakteen zeichnen sich – mit Ausnahme vereinzelter Arten – meist durch runde oder gliederähnliche Triebe (Ohrentriebe) aus.

▸ Die Gliederkakteen sind, ebenso wie die Pereskienartigen, von vielen Menschen nur schwerlich als Kakteen erkennbar. Sie sind entweder mit blattähnlichen platten, gezahnten oder rundlichen Gliedern ausgestattet (wie der Osterkaktus *Rhipsalidopsis* und der Weihnachtskaktus *Schlumbergera*) oder aber von zylindrisch-strauchiger Form wie *Rhipsalis* und andere.

Sieht einem Kaktus gar nicht ähnlich: Pereskia bleo.

100 Gesichter

SMART

Kakteenformen

› Laubkakteen
› Gliederkakteen
› Blattkakteen
› Blattwarzenkakteen
› Echte Warzenkakteen
› Kugelkakteen
› Schlangenkakteen
› Säulenkakteen

▸ Zu den Blattkakteen gehört die schon recht stattliche Anzahl von zwölf Gattungen. Mit *Rhipsalis* treffen wir auf die erste Überschneidung innerhalb dieses künstlichen Ordnungssystems.

▸ Die Blattwarzenkakteen haben eine verdickte Rübenwurzel und blatt- oder papierartige, zumeist rosetten- oder kugelförmig angeordnete Warzen.

▸ Die echten Warzenkakteen haben gewarzte bzw. gerippte Körper.

▸ Kugel-, Schlangen- und Säulenkakteen sind variabel und entsprechend ihrer Form leicht zu erkennen. ●

Kakteen daheim

Zu Beginn steht der Neuling in der Kaktuspflege vor grundlegenden Fragen: Passen diese Pflanzen in meine Wohnung und zu mir? Welche Möglichkeiten bieten sich mir bezogen auf Größe, Gestalt und Ansprüche dieser Pflanzen? Wo bekomme ich gesunde Exemplare – ja, wie überhaupt werden Kakteen eigentlich gehalten? Muss ich etwas Spezielles bedenken und kann ich mich längere Zeit in den Urlaub oder auf Dienstreisen begeben? Wann immer mit Lebewesen umgegangen wird – und dazu gehören selbstverständlich auch die Pflanzen – existieren keine Patentrezepte zur perfekten Handhabung mit ihnen. Faustregeln und Erfahrungswerte für die angemessene Versorgung gibt es aber schon. Grundsätzlich kann festgehalten werden: Kakteenpflege ist kein Hexenwerk. Abgesehen von einigen schwierigen Kakteen-Vertretern, die außerhalb des Gewächshauses kaum gehalten werden können, sind die meisten Gattungen und Arten für die Heimkultur geeignet. Als Pflanzenfreund kann man natürlich die Auswahl der anzuschaffenden Gewächse unter verschiedenen Gesichtspunkten treffen.

Die Frucht des Feigenkaktus' Opuntia ficus-indica

Welcher Kaktus passt zu mir?

Vor der Anschaffung der Pflanzen sollte man in sich gehen:
▸ Liebt man die exotische Frische und die blumige Variante?
▸ Mag man lieber die kühlen Dornensäulen und stark bewehrten Riesen?
▸ Möchte man eine möglichst umfassende Sammlung aller verfügbaren Kakteen-Gruppen?

Für ein stimmiges Gesamtbild und ein harmonisches Gefüge ist auch die Wahl der Standorte, Arrangements und Gefäße von Relevanz. Die meisten Kakteenfreunde werden die dornigen Gewächse bestimmt nicht ausschließlich in einer Kaktus-Monokultur pflegen wollen, sondern diese mit anderen Pflanzengattungen kombinieren. Schöne und sinnvolle Pflanzensammlungen bestehen häufig aus Orchideen, Kakteen und andere Sukkulenten. Auch andere Exoten wie kleinwüchsige Bananen bieten sich für eine ansprechende Wohnzimmerkollektion an. Typisch und gängig ist jedoch eine bunte Mischung

Eine schön arrangierte, blühende Parodia-Art

Kakteen daheim

SMART

Pflegeleichte Kakteen

> *Opuntia*: Die vielgestaltigen Arten können gut auf der Fensterbank kultiviert werden.
> *Hatiora*: Blühfreudige Arten, die einen halbschattigen Standort bevorzugen.
> *Mammillaria*: Dicht bedornte Arten mögen es vollsonnig, weniger bedornte Arten benötigen einen halbschattigen Standort. Durchlässiges Substrat und Dränage ist empfehlenswert.

von Gewächsen, die einfach nur gefallen, schöne Stimmungen hervorrufen und mit dekorativem Flor beglücken. Das ist durchaus möglich, wenn dabei bedacht wird, dass Kaktuspflanzen einer nicht schwierigen, aber doch speziellen Handhabung und Pflege bedürfen. In den folgenden Kapiteln befassen wir uns mit verschiedenen Kakteen sowie deren Möglichkeit für gelungene Arrangements – sei es bei Ihnen im Wohnraum, im Büro oder ausgepflanzt im Garten. ●

Mit Kakteen leben

Fensterbank, Balkon und Terrasse

Auf der Fensterbank

Im Grunde können – je nach Platzangebot – fast alle im Gewächshaus zu kultivierenden Kakteen auf der Fensterbank oder in Ampeln im Fensterbereich gehalten werden. Dabei sollten Sie einige Punkte beachten:

▸ **Aggressives Sonnenlicht:** Gegen den schädigenden Einfluss direkter Sonneneinstrahlung haben sich Fliegengitter bewährt. Durch diese fällt das Licht gestreut ein. Besonders hilft während der knalligen Mittagssonne das Abdecken der Pflanzen mit Seidentüchern oder ähnlichem.

▸ **Warme Trockenluft durch Heizungen:** In den meisten Fällen sind die Heizkörper direkt unter dem Fensterbrett installiert und versorgen die Pflanzen bei laufendem Betrieb mit trockener Warmluft. Das wird besonders am Abend zum Problem, wenn aufgrund einer bevorstehenden kalten Nacht das Zimmer beheizt werden soll. Kakteen, die einen nächtlichen Temperaturrückgang benötigen, können hierauf Dauer Schädigungen davontragen. Hier hilft es, individuelle Lösungen für jeden seiner Pflanzenschützlinge zu finden. Das ständige Umstellen des Kaktus' sollte aber nur in Ausnahmefällen in Betracht gezogen werden. Gegen trockene Luft können Schalen mit Wasser auf dem oder am Heizkörper aufgestellt werden.

▸ **Zigarettenrauch:** In vielen Wohnungen wird geraucht. Das bekommt weder Kakteen noch anderen Pflanzen besonders gut. Leider gibt es für solche Fälle außer einer ausreichenden und regelmäßigen Belüftung kein Patentrezept.

Auf Balkon, Terrasse oder im Garten

Im Sommer bietet sich eine Standortveränderung in Richtung Balkon, Terrasse oder Garten an, Frischluft und Luftfeuchte bekommen

Kakteen als Blickfang: blühende Notocacteen

den Pflanzen besonders gut. Wer die Mühe nicht scheut, kann kleinere, empfindliche Pflänzchen „unter Aufsicht" für einige Stunden am Tag an die frische Luft setzen und sie am Abend wieder hereinholen.

Kakteen und Sukkulenten verleihen Garten und Terrasse ein besonderes Flair.

Dabei gilt draußen wie drinnen die Faustregel: Direktes Sonnenlicht ist für viele Exemplare Gift! Verbrennungsschäden können die

Folge sein. Einfache Sonnensegel schützen die Pflanzen vor zu viel Lichteinfall und gewährleisten trotzdem gleichbleibende Helligkeit und Temperaturen. Wer einen Garten hat, kann gerade die Schatten liebenden Kakteen in den Schutz eines Baumes stellen oder Ampelpflanzen an stärkeren Ästen aufhängen. Auf dem Balkon eignen sich größere Kübelpflanzen, zum Beispiel Engelstrompeten oder andere baumähnliche Gewächse, als Schattenspender. ●

SMART

In der Pflege heikle Kakteen

> **Schnapskopf** (*Lophophora williamsii*)
> **Wollfrucht-Kaktus** (*Ariocarpus*-Arten)
> **Hikuri Mulato** (*Epithelantha*-Arten)
> **Turbinicarpus** (*Turbinicarpus*-Arten)

> **Aztekium** (*Aztekium ritteri*)
> **Coryphantha** (*Coryphantha*-Arten)
> **Leuchtenbergia** (*Leuchtenbergia principis*)
> **Strombokaktus** (*Strombocactus disciformis*)

Bad, Küche und Wohnzimmer

Wo immer die Gelegenheit besteht, können Kakteen stimmungsvoll arrangiert werden. Im Wohnzimmer, in der Küche, im Bad und natürlich auch in anderen Räumen. Vornehmlich sollten die lichthungrigen Pflanzen auf der Fensterbank oder in der Nähe des Fensters untergebracht werden.

Dabei können im Wohnzimmer viele pflegeleichte Gattungen und Arten gehalten werden (siehe Kasten Seite 17). In Küche und Bad hingegen, also in Räumen, in denen durch Kochen, Duschen oder Baden des öfteren eine hohe Luftfeuchtigkeit herrscht, sollten Pflanzen gewählt werden, die diese

Bedingungen gut ertragen oder sogar wünschen. Hier bieten sich Kakteen an, die ihren natürlichen Lebensraum im Regenwald haben, beispielsweise Epiphyten oder einige Arten der Gattung *Gymnocalycium*.

Geeignete Kakteenarten

Auf Fensterbrettern in Küche und Bad kommen am besten kleinwüchsige Pflanzen zum Einsatz, beispielsweise *Rebutia*-, *Parodia*-, *Mammillaria*- und *Gymnocalycium*-Arten. Im Grunde können kleine Exemplare fast aller Gattungen Verwendung finden. Speziell für das Bad, in welchem vielerorts die Fenster um einen Sichtschutz ergänzt sind, bieten sich jene Kakteen an, die einen nicht prall sonnigen Standort gut ertragen oder benötigen, zum Beispiel einige *Opuntia*-Arten, sparsam bedornte *Echinocereus* (Igelsäulenkakteen) und *Echinopsis* (Bauernkakteen). Größere Säulenkakteen können durchaus auch in einer freien Ecke unterhalb des Fensters aufgestellt werden.

Pfiffig zur Geltung gebracht: Cleistocactus strausii.

Kakteen in der Küche: blühende Mammillaria spinossima.

Beim Aufstellen beachten

Achten Sie darauf, keine schnellwüchsigen Gewächse auszuwählen, die sich im Laufe der Zeit zu sehr ausbreiten und so unter Umständen die Lichtquelle zuwuchern oder das Lüften erschweren. Ein stetes Beschneiden solcher Pflanzen schafft in diesem Fall zwar Abhilfe, gut tut eine solche Maßnahme den Kakteen aber auf Dauer nicht.

Ungünstige Kakteen-Stellplätze

Manche Plätze in einer Wohnung sind als Standort für Kakteen denkbar ungeeignet.
› **In der Küche:** vor Ofenrohren, Dunstabzugshauben, Herdplatten, Kühl- und Gefrierschränken.
› **Im Bad:** an Wasserleitungen, am Waschbecken.
› **Generell:** die Nähe von Heizkörpern, Boilern, Stromquellen (z.B. Steckdosen), Türscharnieren.

Bei wenig Platz

Eine gute Alternative überall dort, wo das Platzangebot des Fußbodens knapp oder die Gefahr einer Verletzung für Kinder oder Haustiere groß ist, sind Ampelkakteen. Für die Ampel eignen sich unter anderem *Rhipsalis* (Binsenkakteen), *Aporocactus* (Peitschenkakteen), die Blattkakteen *Disocactus* und *Epiphyllum*, Hatiora (so genannte Osterkakteen), *Schlumbergera* (so genannte Weihnachtskakteen) und *Pereskia*-Arten. ●

Wintergarten und Frühbeet

Voller Lichtgenuss: Wintergarten

Wer über einen Wintergarten verfügt, kann sich und vor allem seine Kakteen glücklich schätzen. Die Pflanzen werden unter den gleichen Voraussetzungen aufgestellt und gehalten wie im Wohnzimmer bzw. auf der Fensterbank. Das bessere Lichtangebot eines Wintergartens, das im Grunde ähnlich dem eines Gewächshauses ist, bringt für das gute Gedeihen der Kakteen zusätzliche Vorteile mit sich (zumeist sind Wintergärten nach Süden oder Südwesten ausgerichtet). Bei einem auch nach oben hin verglasten Anbau müssen die Pflanzen nicht direkt an der Fensterfront stehen, sondern dürfen auf der gesamten überglasten Fläche verteilt werden.

Klein, aber fein: Frühbeet

Ein gutes Frühbeet ermöglicht, dass die Kakteen draußen leben, die gesamten Vorzüge des puren Sonnenlichts genießen können und dennoch nicht den Einflüssen von Wind und Wetter ausgesetzt sind. Verfügt das Frühbeet über einen Heizlüfter, können Sie viele nicht winterharte Arten außerdem darin überwintern. Bei einem Frühbeet ist wichtig, dass keinerlei Schlitze zwischen Deckel und Kasten vorhanden sein dürfen. Ist die Abdeckung gut isoliert, können weder Regen, Raureif, Schnee noch Wind in das Frühbeet eindringen. Bei prallem Sonnenschein muss die Abdeckung unbedingt abgenommen oder wenigstens erhöht gelagert werden. Die Kakteen würden sonst im Frühbeet verbrennen oder an der anhaltend hohen Luftfeuchtigkeit zugrunde gehen. Frühbeete kann man kaufen, aber auch aus einigen wenigen Materialien selber bauen (siehe Kasten Seite 25).

Für Profis: Gewächshaus

Das „Idealwohnheim" für Kakteen, insbesondere für alle schwierig zu pflegenden Arten, ist natürlich das Gewächshaus. Bei beeinflussbarer Luftfeuchtigkeit, Temperatur und gebündeltem Sonnenlicht haben die Kakteen außerdem ein reiches Platzangebot. Kleine Gewächshäuser gibt es schon ab etwa 350,- Euro im Bau-

Gewächshäuser

- Gewächshäuser bieten, je nach Größe, mittleren bis umfangreichen Sammlungen ein ausreichendes Platzangebot.

- Aussaaten können im beheizten Gewächshaus schon ab März vorgenommen werden.

- Kakteen und andere Sukkulenten sollten nicht mit schädlingsanfälligen Nutzpflanzen, z. B. Gurken, zusammen kultiviert werden.

Kakteen und andere Sukkulenten an ihrem Standort im Wintergarten.

markt zu kaufen. Sie sind aber keinen professionellen Ansprüchen gewachsen und bedürfen meist einer nachträglichen intensiven Bearbeitung. So sollten zum Beispiel die einzelnen Plattenelemente zusätzlich mit Silikon oder ähnlichem abgedichtet werden. Professionelle Gewächshäuser bekommt man ab etwa 2500,- Euro, allerdings nicht im Baumarkt. Wer seine Pflanzen im Gewächshaus hält, hat vermutlich andere Ansprüche als ein Hobbygärtner. Meist wird das Milieu des Treibhauses als

SMART

Frühbeete selber bauen

› **Aus einer geräumigen** Holzkiste kann mit einfachen Mitteln ein behelfsmäßiges Frühbeet gebaut werden.
› **Als Deckel dient** ein mit dicker, durchsichtiger Folie bespannter Rahmen.
› **Wichtig ist,** dass das lichtdurchlässige Oberteil fest verschließbar und an heißen Tagen abnehmbar bzw. aufzuklappen ist – so können die Kakteen genügend Frischluft bekommen.

Zucht- und Vermehrungsstation oder für die Unterbringung umfangreicher Sammlungen genutzt, was mit der Pflanzenhaltung eines gewöhnlichen Haushalts nicht mehr viel zu tun hat. Solche Kollektionen bedürfen einer immensen Pflege und eines damit verbundenen größeren Zeitaufwandes. Generell ist davon abzuraten, Kakteen und andere Sukkulenten zusammen mit Nutzpflanzen wie zum Beispiel Gewächshausgurken zu halten. Diese sind sehr anfällig gegenüber Schädlingen und stellen für die wertvollen Kaktusgewächse ein Übertragungsrisiko dar. ●

Ein Stück Wüste im Garten: Freilandkakteen

Kakteen sind für mitteleuropäische Klima-Verhältnisse nicht geeignet. Denkt man, doch stimmt das nicht ganz. Es existiert eine reichhaltige Auswahl an Arten, welche zum Teil selbst mit Frösten unter −20 °C gut zurecht kommen. Winterharte Kakteen erscheinen Pflanzen-freunden mittlerweile nicht mehr ganz so fremdartig. Selbst kleinere Gartencenter oder Versandhändler bieten seit einigen Jahren frost-tolerante Angehörige der Kaktusfamilie an. Dabei sind hauptsächlich Vertreter der Gattungen *Opuntia* (Feigen-kaktus) und *Echinocereus* (Igelsäulenkaktus) beliebt. Allerdings erschöpft sich die Liste der winterharten Kakteen mit Arten dieser beiden Gattungen noch lange nicht. Auch einige Arten der Gattungen *Coryphantha, Escoba-ria, Gymnocalycium, Noto-cactus* und *Sclerocactus* sind für den fortgeschrittenen Pflanzenfreund im Garten ausgepflanzt möglich.

Frost- oder winter-hart?

Von manchen Kakteengärt-nern angebotene Kakteen der Gattungen *Austrocactus, Pediocactus* oder *Pterocactus* sind nur eingeschränkt und ausschließlich in sehr win-termilden Gebieten garten-tauglich. Außerdem gibt es einen signifikanten Unter-schied zwischen winterhar-ten und frostharten Kakteen: ▶ **Frostharte Kakteen** gedei-hen zum Beispiel in südame-rikanischen Hochgebirgen und können sehr niedrige Temperaturen ertragen

Opuntia basilaris kommt im Freien gut zur Geltung.

(gerade nachts können das schon mal bis zu −40 °C sein!). Zu diesen zählen Arten der Gattungen *Echinopsis, Gymnocalycium, Lobivia, Matucana, Oreocereus, Oroya* und andere. Das lässt vermuten, dass solche Kakteen dann auch in mitteleuropäischen Gefilden winterhart sind – aber weit gefehlt! Diese so genannten „frostharten" Arten kommen bei Temperaturen unter −10 °C mit der hiesigen Luftfeuchtigkeit nicht zurecht. Südamerikanische Klimabereiche bieten den Pflanzen bei kaltem Wetter weniger als 20 % Luftfeuchte – ein Zustand, der bei uns nicht erreichbar ist!

▸ **Winterharte Kaktusgewächse** benötigen eine spezielle Behandlung. Die Pflanzen sollten von April bis Anfang August gut gewässert und gedüngt werden. Gießen kann wöchentlich geschehen, Düngen im Idealfall vierzehntägig. Ab August wird der Dünger abgesetzt und die Wasserzufuhr allmählich reduziert. Winterharte Kakteen beginnen im September schon mit ihrer Ruhezeit. Diese hält bis zum April an, während im Mai meistens die Blütezeit der Pflanzen beginnt.

Trichocereus santiauinensis bildet prächtige Blüten aus.

SMART

Winterharte Kakteen für den Garten

Echinocereus albispinus
Echinocereus baileyi
Escobaria missouriensis
Cylindropuntia imbricata
Maihuenia poeppigii
Opuntia compressa
Opuntia phaeacantha

Während der Ruhephase von September/Oktober bis März/April sollten die meisten Pflanzen bei Temperaturen unter −20 °C vorsichtshalber abgedeckt werden, obwohl viele Arten niedrigere Temperaturen tolerieren. Ab Mai wieder großzügig gießen und mit dem Düngen beginnen. ●

Kakteen
dekorativ arrangieren

Die unterschiedlichen Kakteenformen lassen sich auf vielfältige Weise in die Wohn-
räume integrieren. Egal, ob als Blickfang oder im Zusammenspiel mit anderen
Gewächsen: mit etwas Fingerspitzengefühl für Raumwirkung und passendes Beiwerk
unterstreichen Kakteen die Wirkung eines bestimmten Raumes und machen dabei
selber eine gute Figur.

Einzeln oder sprossend,
schlangenförmig oder kugelig, groß oder klein, dick
oder dünn, ob in der Ampel,
in der Schale oder im Topf:
Kakteen müssen nicht trist
und grau aussehen. Nutzen
Sie das breite Angebot im
Pflanzenfachhandel, um Ihre
Kakteen so richtig zur Geltung kommen zu lassen!

1 ◄ **Rapunzel, lass dein Haar
herab!** Diese epiphytische
Ampelpflanze (*Rhipsalis cas-
sutha*), auch Ruten- oder
Binsenkaktus genannt, kann
gut im Topf auf einem hohen
Gestell zur Geltung kommen
und der Wohnung eine besondere Note verleihen. Kakteen
der Gattung *Rhipsalis* benötigen viele Nährstoffe und
belohnen den Pflanzenfreund
mit kleinen weißen bis creme-
farbenen Blütchen im Herbst
und im Winter.

▸ **Der aus Mexiko** stammende, epiphytisch lebende Peitschen- oder Schlangenkaktus (*Aporocactus flagelliformis*) besticht durch seinen kräftigen Flor und lässt sich am besten in der Ampel pflegen, kann aber bei ausreichendem Platzangebot auch kriechend wachsen. Von dieser Art existieren zahlreiche Zuchtformen, deren Blüten vom Frühjahr bis in den Sommer in reichen Farbvariationen erscheinen. Die Triebe dieser im Halbschatten hervorragend gedeihenden Pflanze werden bis zu 1,50 m lang und machen die Pflanze zum echten Blickfang.

◂ **Ein wahrhaftiger Blühzwerg!** Die dicht und willig in kräftigem Rot blühende *Rebutia krainziana*, auch Zwergkaktus genannt, verbreitet mit ihrem schon im Frühjahr erscheinenden Flor eine herrliche vorsommerliche Stimmung! Durch ihren zwergenhaften Wuchs ist die reich sprossende Pflanze ideal zur Schalenbepflanzung geeignet, wegen ihrer Empfindlichkeit gegenüber Nässe sollte jedoch regelmäßig die Feuchtigkeit des Substrats kontrolliert werden.

Spezial

Kakteen-
Porträts

In diesem Teil betrachten wir einige Kakteen etwas genauer. Das kann bei der Pflanzenvielfalt natürlich nur eine Auswahl sein.

Allgemeines über Kakteen

Der Rahmen unserer Porträts erlaubt zwar keine detaillierte Darstellung, informiert aber über Wesentliches zu Aussehen und Pflege. Dabei werden einige Arten – trotz anhaltender Revision bei der Benennung von Kaktusgewächsen – unter ihrem alten Namen aufgeführt. Zum Beispiel nennen manche Botaniker den im Folgenden vorgestellten *Notocactus werdermannianus* seit neuestem *Parodia werdermanniana*. Wir verzichten auf die für den Laien verwirrende Nomenklatur

und bauen auf die Tatsache, dass Kakteen im Fachhandel auch weiterhin unter ihren bisherigen Bezeichnungen verkauft werden. Gemeinsam ist den verschiedenen Pflanzen der mal mehr, mal etwas geringere, aber immer relativ hohe Lichtbedarf. Auch epiphytische, also Baum bewohnende Kakteen, die mitunter gerne im Halbschatten untergebracht werden, vertragen auf Dauer keine Dunkelheit, wie sie in einer tageslichtarmen Ecke eines Zimmers herrscht. Um Staunässe im Wurzelbereich vorzubeugen, benötigen die meisten Arten ein wasserdurchlässiges Substrat, welches jedoch in seinen Eigenschaften und Bestandteilen nicht bei allen Kakteen gleich ist. Entsprechende Hinweise werden unter den Punkten Standort und Pflege gegeben.

Feigenkaktus

Opuntia-Arten

▸ **Aussehen:** Variable Gattung mit über 300 Arten. Typisch, aber nicht bei allen Arten vorhanden, sind die ohrenförmigen Triebe und die Glochiden (borstenartige Dornenbüschel mit Widerhaken).

▸ **Heimat:** Kanada, USA, Mittel- und Südamerika.

▸ **Standort:** Sonne, bei einigen Arten auch Halbschatten.

▸ **Pflege:** Benötigen ein durchlässiges Substrat. Regelmäßig gießen, mäßig düngen. Abgesehen von den winterharten Arten im Winter nicht unter 8 °C halten.

▸ **Blütezeit:** Artabhängig vom Frühjahr bis in den Herbst.

Feigenkaktus

Opuntia robusta

▸ Aussehen: Bis 30 cm breite, graugrüne Glieder, bis zu 5 cm lange, meist weißliche Dornen. Gelbe, bis 7 cm breite Blüte.

▸ Heimat: Zentral-Mexiko

▸ Standort: Sonne

▸ Pflege: Benötigt ein durchlässiges und sandiges bis steiniges Substrat. In der Hauptwachstumsphase regelmäßig gießen und düngen. Im Winter nach Möglichkeit nicht unter 8 °C halten.

▸ Blütezeit: Sommer

Binsenkaktus

Rhipsalis pilocarpa

▸ Aussehen: Dieser epiphytische Kaktus hat lange, sich verzweigende, rundliche Glieder und wächst buschig bis hängend. Die kleinen weißen Blüten werden bis zu 1,5 cm breit.

▸ Heimat: USA bis Südamerika (auch Sri Lanka und Madagaskar).

▸ Standort: Halbschatten

▸ Pflege: Benötigt ein durchlässiges, humusreiches Substrat. Regelmäßig gießen und öfter düngen. *Rhipsalis pilocarpa* wird über den Winter nicht umquartiert, sondern verbleibt am Platz. Auch dann nicht unter 12 °C halten.

▸ Blütezeit: Anfang Sommer

Peitschenkaktus

Aporocactus flagelliformis

▸ Aussehen: Wie *Rhipsalis* ist auch der Peitschenkaktus ein verzweigender Epiphyt. Er bildet bis zu 1,5 m lange Triebe. Die rosaroten Blüten werden bis zu 8 cm lang.

▸ Heimat: Mexiko

▸ Standort: Halbschatten, aber hell.

▸ Pflege: Benötigt ein durchlässiges, humusreiches Substrat und relativ hohe Luftfeuchtigkeit. Regelmäßig gießen und düngen. Im Winter nach Möglichkeit nicht unter 12 °C aufstellen.

▸ Blütezeit: Frühjahr bis Sommer

Kakteen-Porträts

Königin der Nacht *Selenicereus grandiflorus*

▸ Aussehen: Dieser Kaktus bildet fünf- bis achtrippige, ausladende Triebe mit Luftwurzeln und trägt kurze, bis 1 cm lange Dornen. Die große weiße, nach Vanille duftende Blüte wird bis zu 20 cm breit und öffnet sich nur für eine einzige Nacht.
▸ Heimat: Mexiko, Haiti, Jamaika, Kuba, Kleine Antillen.
▸ Standort: Halbschatten, aber hell.
▸ Pflege: Benötigt ein durchlässiges Substrat mit leichtem Humusanteil. Ein Rankgerüst ist von Vorteil. Mäßig gießen und düngen. Im Winter nicht unter 10 °C halten.
▸ Blütezeit: Sommer

Warzenkaktus *Mammillaria bocasana*

▸ Aussehen: Gruppenbildender Kugelkaktus, der nur bis zu 6 cm groß wird. Trägt eine weißlich-graue Bedornung mit einem gebogenen Mitteldorn und gelblich-weiße, bis zu 1,5 cm breite Blüten mit bräunlichen bis rosafarbigen Mittelstreifen.
▸ Heimat: Mexiko
▸ Standort: Sonne
▸ Pflege: Benötigt ein durchlässiges und nährstoffreiches Substrat und darf keinesfalls übermäßig gegossen werden, da er sehr nässeempfindlich ist. Im Winter nicht unter 8 °C halten.
▸ Blütezeit: Sommer

Warzenkaktus *Mammillaria elongata*

▸ Aussehen: Sprossende und zylindrische *Mammillaria*-Art, die bis zu 20 cm groß wird und sich durch eine dichte, weiß-gelbliche bis rötliche Bedornung auszeichnet. Die kleinen Blüten sind weiß bis hellgelb.
▸ Heimat: Mexiko
▸ Standort: Sonne
▸ Pflege: Benötigt ein durchlässiges und nach Möglichkeit gut sandiges Substrat. *Mammillaria elongata* darf nicht übermäßig gegossen werden. Im Winter nicht unter 8 °C kultivieren.
▸ Blütezeit: Sommer

Bischofsmütze *Astrophytum myriostigma*

▸ Aussehen: Kugeliger bis zylindrischer Kaktus, der bis 25 cm hoch werden kann. Bildet bis zu acht Rippen aus und trägt die charakteristischen weißen Flöckchen auf dem gesamten Körper. *Astrophytum myriostigma* hat keine Bedornung. Die Blüte ist gelb, oft mit roter Mitte.
▸ Heimat: Mexiko
▸ Standort: Sonne bis Halbschatten, in jedem Fall hell.
▸ Pflege: Benötigt ein mineralisches und lehmreiches Substrat. Nur mäßig gießen und düngen. Im Winter nicht unter 10 °C halten.
▸ Blütezeit: Sommer

Buckelkaktus   *Notocactus werdermannianus*

▸ Aussehen: Kugeliger bis zylindrischer Kaktus, der bis zu 15 cm hoch werden kann. Trägt eine weißliche Bedornung und zitronenfarbene bis gelbe Blüten. Wird, ebenso wie eine große Zahl weiterer Notocacteen, von vielen Fachleuten heutzutage zu den Parodien (*Parodia werdermanniana*) gestellt.
▸ Heimat: Brasilien, Uruguay.
▸ Standort: Halbschatten bis Sonne.
▸ Pflege: Benötigt ein durchlässiges Substrat. Regelmäßig gießen und düngen. Im Winter trocken und nach Möglichkeit nicht unter 10 °C aufstellen.
▸ Blütezeit: Anfang Sommer

Fasskaktus   *Ferocactus emoryi*

▸ Aussehen: Der Fasskaktus wächst anfangs kugelig, im Alter zylindrisch-säulig und wird bis über 2 m hoch. Er bildet maximal 32 Rippen aus, ist rot bedornt und trägt rote bzw. gelbe, bis zu 8 cm lange Blüten.
▸ Heimat: Mexiko, USA.
▸ Standort: Sonne
▸ Pflege: Benötigt ein lehmhaltiges und leicht kalkiges Substrat. Nur mäßig gießen und düngen. Im Winter fast ganz trocken und nicht unter 8 °C halten.
▸ Blütezeit: Sommer

Melonenkaktus   *Melocactus*-Arten

▸ Aussehen: Die Gattung *Melocactus* beinhaltet etwa 30 Arten typischer Kugelkakteen. Gemeinsame Merkmale sind die starke Bedornung, ein wolliger Borstenschopf (Cephalium) und die meist scharfkantigen Rippen. Die verschiedenen Arten tragen verhältnismäßig kleine, rosafarbene bis rote Blüten.
▸ Heimat: Mexiko, Zentral- und Südamerika, Westindien.
▸ Standort: Sonne
▸ Pflege: Melocacteen benötigen ein durchlässiges, mineralisches und lehmiges Substrat. Nur mäßig gießen und düngen. Im Winter nicht unter 15 °C halten.
▸ Blütezeit: Sommer

Schwiegermuttersessel   *Echinocactus grusonii*

▸ Aussehen: Dieser wahrscheinlich bekannteste aller Kugelkaktus-Arten wird bis über 1 m hoch und bis etwa 80 cm breit. Er trägt eine starke und weiße bis goldgelbe Bedornung (in der Jugend oftmals leicht rötlich) und hat scharfkantige Rippen. Die bis zu 6 cm langen Blüten sind gelb bis bräunlich.
▸ Heimat: Mexiko
▸ Standort: Sonne
▸ Pflege: Benötigt ein durchlässiges Substrat. Mäßig gießen und düngen. Im Winter nicht austrocknen lassen und die Temperatur nicht unter 10 °C fallen lassen.
▸ Blütezeit: Sommer (in Kultur meist gar nicht).

Zwergkakteen *Rebutia*-Arten

▸ Aussehen: Sich in drei Untergattungen aufteilende Gattung mit etwa 70 Arten kleiner, kugeliger Kakteen. Die Arten tragen eine feine Bedornung. Die reichlich auftretenden Trichterblüten blühen in den Farben Weiß, Rosa, Orange, Gelb und Rot.
▸ Heimat: Südamerika
▸ Standort: Sonne bis Halbschatten.
▸ Pflege: Sie wünschen ein durchlässiges, sandig-humoses Substrat. Regelmäßig gießen und düngen. Im Winter nicht ganz trocken und nicht unter 8 °C kultivieren.
▸ Blütezeit: Frühjahr und Herbst.

Furchen-Zwergkaktus *Sulcorebutia rauschii*

▸ Aussehen: Dunkelgrüner bis violetter Minikaktus, der nur bis 1,5 cm hoch und bis etwa 3 cm breit wird und eine schwarze Bedornung entwickelt. Die bis zu 3 cm lange Blüte ist rosa- bis magentafarben. Die Art wird manchmal auch unter dem Synonym-Namen *Rebutia pulchra* geführt.
▸ Heimat: Bolivien
▸ Standort: Sonne
▸ Pflege: Benötigt ein durchlässiges Substrat. Nach der Blüte nur mäßig gießen und gut belüften. Im Winter fast komplett trocken und nicht unter 8 °C halten.
▸ Blütezeit: Sommer

Erdbeerkaktus *Gymnocalycium mihanovichii* var. *friedrichii*

▸ Aussehen: Varietät des *Gymnocalycium mihanovichii*. Die abgebildete Sorte 'Rubra' enthält kein Chlorophyll und kann deshalb nur gepfropft überleben. Eine gelbe Sorte dieses Kaktus' heißt 'Aurea'. Es kommen aber auch weitere Farbvariationen vor.
▸ Heimat: In dieser Erscheinungsform als Kulturpflanze angeboten.
▸ Standort: Halbschatten, aber hell.
▸ Pflege: Benötigt ein durchlässiges, humoses und lehmiges Substrat. Nur mäßig gießen und düngen. Im Winter nicht unter 10 °C aufstellen.
▸ Blütezeit: Sommer

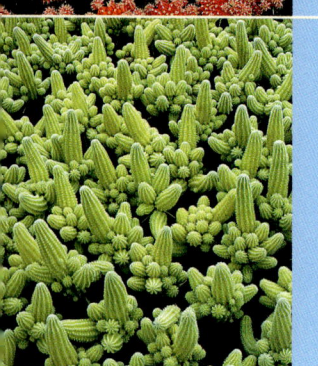

Bananenkaktus *Lobivia silvestrii* 'Variegata'

▸ Aussehen: Diese beliebte *Lobivia*-Sorte ist wie der Erdbeerkaktus eine Form ohne Chlorophyll-Gehalt in den Blattzellen, die nur aufgepfropft überleben kann. Mit bananenförmigem, gelbem bis orangefarbenem Körper. Sie wird oft noch unter ihrem alten Synonym-Namen *Chamaecereus silvestrii* geführt.
▸ Heimat: In dieser Form als Kulturpflanze im Handel.
▸ Standort: Halbschatten, aber hell.
▸ Pflege: Benötigt ein durchlässiges, humoses Substrat. Nur mäßig gießen und düngen. Die Pflanze ist sehr anfällig für Schädlinge. Im Winter trocken und hell halten.
▸ Blütezeit: Sommer

Heidelbeerkaktus *Myrtillocactus geometrizans*

▸ Aussehen: *Myrtillocactus geometrizans* ist ein baumförmiger, strauchiger Säulenkaktus, der bis zu 5 m hoch werden kann. Er trägt eine weißlich-grüne, bis etwa 3,5 cm lange Blüte, hat bis zu sechs Rippen und bildet dunkle, essbare und wohlschmeckende Beerenfrüchte aus.
▸ Heimat: Mexiko, Guatemala.
▸ Standort: Sonne
▸ Pflege: Benötigt ein durchlässiges, sandiges Substrat. Regelmäßig gießen und nur mäßig düngen. Im Winter nicht austrocknen lassen und um etwa 10 °C halten.
▸ Blütezeit: Sommer

Felsenkaktus *Cereus peruvianus*

▸ Aussehen: Der beliebte Felsenkaktus ist ein bis über 3 m hoher, verzweigter Säulenkaktus mit rotbrauner Bedornung und bis zu acht Rippen. Er trägt weiße, bis etwa 17 cm lange Blüten. Aufgrund des interessanten Körperbaus mit den aufgelösten Rippen werden häufig Monstrose-Formen dieser Art im Handel angeboten.
▸ Heimat: Südamerika
▸ Standort: Sonne
▸ Pflege: Benötigt ein nährstoffreiches, humoses Substrat. Gut und regelmäßig gießen und ab und zu düngen. Im Winter um 10 °C sowie leicht feucht halten.
▸ Blütezeit: Sommer

Kammbaumkaktus *Pachycereus pecten-aboriginum*

▸ Aussehen: Der Kammbaumkaktus ist ein über 10 m hoch wachsender Säulenkaktus mit beeindruckender, weißgrauer bis hellbrauner Bedornung und weißen, bis 9 cm langen Blüten. Aus den stark bedornten Früchten (zuweilen auch aus Dornen des Körpers) stellen einige Ureinwohner Mexikos Kämme her, daher der Name.
▸ Heimat: Mexiko
▸ Standort: Sonne
▸ Pflege: Benötigt ein durchlässiges und sandiges Substrat. Nur mäßig gießen und düngen. Im Winter fast ganz trocken und kühl bei etwa 5 °C halten.
▸ Blütezeit: Sommer

Haages Cereus *Haageocereus multangularis*

▸ Aussehen: Diese Art aus der nach Walther Haage benannten Gattung *Haageocereus* ist ein bis zu 1,5 m hoher Säulenkaktus mit bis zu 18 Rippen. Er trägt eine borstige, bräunliche Bedornung und weiße, rötliche oder grünliche, bis 8 cm lange Blüten.
▸ Heimat: Peru, Chile.
▸ Standort: Sonne
▸ Pflege: Benötigt ein durchlässiges, sandiges und lehmiges Substrat. Regelmäßig gießen und düngen, im Sommer eine Trockenzeit einhalten. Im Winter keinesfalls unter 10 °C halten, besser um etwa 15 °C.
▸ Blütezeit: Sommer

Kakteen richtig pflegen

Kakteen kaufen

Kaktusgewächse sind mittlerweile vielerorts erhältlich. Im Gartencenter sowieso, aber auch im Blumengeschäft, im Supermarkt und im Dorflädchen, ja sogar bei der Tankstelle und im Baumarkt. Doch ist es nicht besonders ratsam, diese empfindlichen Gewächse in derartigen Einrichtungen zu erwerben, sofern man an den Kakteen längere Zeit seine Freude haben will. Die Pflanzen werden von nicht speziell geschultem Personal entweder gar nicht oder aber falsch behandelt (siehe dazu den Praxistipp unten). Ein weiteres Manko der im Supermarkt oder an ähnlichen Orten erworbenen Kakteen ist deren unzurei-

chende nomenklatorische Kennzeichnung, also die Benennung. Entweder steht ausschließlich „Kaktus" oder „Kaktee" am Topf oder aber eine etwas genauere, trotzdem ebenso nichtssagende Bezeichnung wie „Säulenkaktus", „Kugelkaktus" oder dergleichen. Bleibt nur eine Konsequenz: Kakteen ausschließlich beim Fachzüchter zu kaufen, zum Beispiel bei den in unserer Info-Ecke (siehe Seite 62) empfohlenen Kakteengärtnereien. Hier erfahren die Gewächse die richtige Behandlung und Pflege. Sachkompetente Beratung wird außerdem nur in Fachbetrieben gewährleistet.
Sollte aus welchem Grund

auch immer doch einmal ein Exemplar im Einkaufsmarkt oder von ähnlichem Ort mitgenommen werden, bringt es dem potenziellen Käufer viel, einige Punkte vor dem Erwerb gründlich zu prüfen.

Worauf Sie beim Kauf achten sollten

Kakteen aus riesigen Treibhausproduktionen werden manchmal durch angeklebte oder eingesteckte unechte Blüten „aufgepeppt", die den Pflanzen auf längere Sicht den Garaus machen. Die in Großbetrieben gezogenen Kakteen werden von Kakteenunkundigen eher nebenbei und herzlos produziert und sind daher manchmal von Schädlingen oder Krankheiten befallen. Außerdem stehen solche Gewächse oftmals schon Monate lang in einfacher Blumenerde und werden vom Verkaufspersonal mit allen anderen Pflanzen nahezu täglich achtlos gegossen. Auch dies schädigt die Kakteen. Ebenso ungesund: Die überstehenden Wurzeln der nach einiger Zeit viel zu kleinen Töpfchen

Die Vorteile des Fachhandels

Kakteen und andere Sukkulenten werden vom Fachzüchter entsprechend ihrer Ansprüche gezogen und behandelt.

Kulturfehler und Schädlingsbefall sind beim Pflanzenkauf nicht zu erwarten.

Kaktusgärtnereien verfügen über speziell geschultes und erfahrenes Personal, das kompetent Auskunft erteilt und bei der fachgerechten Lösung von Problemen helfen kann.

Kakteenzuchtbetriebe bieten eine reichhaltige Auswahl an Arten, hier Mammillarien.

werden vom Mitarbeiter des Gartenmarktes von Zeit zu Zeit aus optischen Gründen gerne einfach abgerissen. Besser also, man kauft Kakteen tatsächlich nur im spezialisierten Fachhandel. Doch auch hier gilt es drei Punkte zu beachten, wenn die Kakteen über längere Zeit Freude bereiten sollen:

▸ **Wie viel Platz steht mir zur Verfügung?** Entsprechend des zur Verfügung stehenden Platzangebotes muss die spätere Größe der Pflanzen gewählt werden. Sollen die Pflanzen nur auf einer schmalen Fensterbank oder aber innerhalb einer größeren Anlage gehalten werden?

▸ **Welche Standorte kann ich den Pflanzen bieten?** Wichtig bei der Pflanzenwahl sind die klimatischen Verhältnisse des späteren Standortes. Schon beim Kauf ist gut zu wissen, ob der Kaktus vollsonnig oder halbschattig stehen wird und welche Temperaturen man ihm in etwa bieten können wird.

▸ **Wie intensiv werde ich mich den Kakteen widmen?** Es gibt durchaus schwierig zu haltende Exemplare. Sollen Kakteen ausschließlich als zierende Zimmerpflanzen dienen, wird man eher zu leicht pflegbaren Arten wie Mammillarien tendieren.

SMART Praxistipp

› **Kakteen aus** unspezialisierten Betrieben weisen oftmals bereits faulige Stellen auf, da sie in der Regel nahezu täglich gegossen werden. Ein gründlicher Blick auf den Pflanzenkörper sowie auf den Wurzelbereich und das Substrat ist für den vorsichtigen Kaktusfreund Pflicht. Viele Sukkulenten sind schon vor dem Verkauf erkrankt, zerstört oder von Schädlingen befallen. Von Exemplaren mit hübschen, aber eingesteckten künstlichen Blüten sollten Sie absehen.

Guter Grund zum Gedeihen

Kakteen-Substrate, also auf die zu kultivierenden Pflanzen abgestimmte Erdmischungen, bereiten Sie vorzugsweise selbst zu. Sie sollten auch bei den so genügsam erscheinenden Kaktusgewächsen auf die individuellen Bedürfnisse der Pflanzen eingehen. Ich habe im Laufe der Jahre eine eigene Substrat-Mischung ausprobiert, die für einen Großteil der Kakteen geeignet ist. Das Substrat besteht aus folgender Rezeptur:

▸ vier Teile Spezial-Kakteenerde mit hohem Bimskies-Anteil
▸ zwei Teile Spielsand (Bausand ist aufgrund seiner hohen Kalkanteile ungeeignet)
▸ zwei Teile feine Lauberde
▸ ein Teil kleinkörniger, gewaschener Aquarienkies

und etwas Kokosfaser-Beimischung.

Wie bereits angedeutet, eignet sich diese Mischung für viele, nicht aber für alle Kakteen. Einige Arten, zum Beispiel *Ariocarpus*, verlangen ganz bestimmte Eigenschaften vom Boden und würden in diesem Substrat nicht besonders gut gedeihen. Deshalb ist es bei Kakteen ganz besonders wichtig, spezielle Literatur zu den einzelnen Arten zu konsultieren. Zur Beeinflussung der Substrat-Eigenschaften bietet der Fachhandel eine ganze Palette wertvoller Zuschlagstoffe an, zum Beispiel Asclepserde, Bentonit, Bims, Blähschiefer, Blähton, Granitgrus, Kalk, Lauberde, Lavalit, Lehm, Perlite, Pinienrinde, Quarzkies,

Sphagnum-Moos, Ziegelkies und viele mehr.

Umtopfen ist ganz einfach!

Kakteen werden je nach Bedarf oder auch per Faustregel im zweijährigen Turnus umgetopft. Obwohl der Pflanzenkörper des einen oder anderen Kaktus' in manchem Falle nur geringfügig wächst, gedeiht die Wurzel im Topfinneren doch meist um ein Vielfaches schneller. Größere Säulenkakteen sind aufgrund des erhöhten Nährstoffbedarfes auch für ein jährliches Umtopfen dankbar. Scheint dies wegen eines massigen Körpers zu umständlich, so reicht auch gewissenhaftes Düngen aus. In den neuen Topf sollte nun nach Möglichkeit eine Dränageschicht aus ein paar kleineren Scherben eingebracht werden, zum Beispiel die eines gebrochenen Tontopfes. Auch gut gewaschener, sehr grober Aquarienkies (Korngröße mindestens 6 mm) eignet sich. Vorsichtige Kaktuspfleger schichten beide Dräna-

Rezept für Substrat-Mischung

Material	Anteil
Kakteenerde mit Bimskies	4
Spielsand	2
Lauberde	2
Aquarienkies	1
Kokosfaser	0,2

gen übereinander, erst die Tonscherben, dann den Kies. Diese Maßnahme stellt einen optimalen Wasserablauf sicher, da Gießüberschüsse abgeleitet werden und Staunässe verhindert wird.

Und so einfach geht's:

▸ **Zur Lockerung des Substrats** den Topf leicht auf eine feste Unterlage klopfen.

▸ **Hervorstehendes Wurzelwerk** aus den Löchern sauber abschneiden.

▸ **Den Kaktus fassen** (mit Handschuhen, Schaumgummi oder Pappe als Schutz vor Verletzungen) und den Topf vorsichtig abziehen.

▸ **Überschüssige, alte Erde und Klumpen** durch leichtes

Dank guter Pflege: eine dezent blühende Mammillaria-Hybride.

Dränage

❯ **Sie verhindert,** dass sich Gießwasser am Grunde des Topfbodens sammelt und Wurzelfäulnis begünstigt. Die Zwischenräume größerer Steine und Tonscherben leiten Flüssigkeitsüberschüsse ab und über die im Boden vorhandenen Löcher in den Übertopf, wo sie einfach ausgeschüttet werden können.

Klopfen sowie mit einem Stift oder Pinsel behutsam entfernen.

▸ **Einsetzen der Pflanze** in den neuen Topf mit frischem Substrat.

Es ist ratsam, das Substrat vor dem Umtopfen nach Möglichkeit vollständig aus-

trocknen zu lassen. Auf diese Weise lässt sich der Kaktus ganz einfach aus dem Topf nehmen. Kakteen werden nach dem Umtopfen nicht sofort gegossen, sondern zunächst am Standort belassen und erst sieben bis zehn Tage später gewässert. ●

Grund zum Gedeihen

Welches Gefäß soll ich nehmen?

Kakteen sollten, wie dies auch für andere Pflanzen gilt, am besten zunächst in einen handelsüblichen Ton- oder Plastiktopf gesetzt werden, der dann um einen Übertopf ergänzt wird. Es hat sich bewährt, anstelle von Tontöpfen Topfmaterial aus Plastik zu verwenden. Dafür gibt es auch einen Grund: Das Wurzelwerk drängt sich mit der Zeit in einem Tontopf zumeist an einer einzigen Stelle dicht zusammen und haftet nach und nach immer fester an der Gefäßinnenwand. Beim Aus- oder Umtopfen werden dann zwangsläufig die empfindlichen Fasern beschädigt oder ganz abgerissen. In einem Plastiktopf ist dies nicht der Fall. Die Wurzeln breiten sich gleichmäßig über den zur Verfügung stehenden Platz aus und kleben nicht am Topfinneren fest. Der verwendete Topf sollte im Verhältnis zur Pflanze bzw. zum Wurzelsystem nicht überdimensioniert sein, da in einem solchen Fall überschüssige Wassermengen deutlich schlechter abziehen können und die Gefahr einer Staunässe eher gegeben ist.

Direkt in Übertöpfe?

Grundsätzlich ist davon abzuraten, die Gewächse direkt in einen Übertopf oder Kübel zu pflanzen, da in diesen überhaupt keine Ablaufmöglichkeit für in zu großen Mengen verabreich-

tes Gießwasser besteht. Gleiches gilt für Ampelgewächse. Der praktische Plastiktopf, ergänzt um eine großzügige Dränage (siehe Seite 41), ist gerade bei sehr nässeempfindlichen Kakteen unerlässlich. Abgelaufenes Gießwasser kann aus einem Übertopf unkompliziert ausgeschüttet werden, was bei direkt in Endgefäße getopften Pflanzen ein erhebliches Problem darstellt.

Lösungen für kleine Kakteen

Manchmal möchte man aber trotzdem aus optischen Gründen kleinere Kakteen in Schalen oder ähnlichen Gefäßen halten. Beim Bepflanzen von solchen flachen Schalen sollten Sie darauf achten, möglichst Kakteen auszuwählen, die weniger häufig gewässert werden müssen oder aber solche, die eine immerwährende Feuchtigkeit voraussetzen. Trotzdem sollte man auch solche Pflanzen ab und zu auf deren Nässegrad hin kontrollieren und zur Not

Ton- oder Plastiktopf?

Plastiktöpfe verfügen über mehrere Ablauflöcher am Boden. Das Wurzelsystem breitet sich zudem gleichmäßig im Substrat aus.

Tontöpfe sind zumeist nur mit einem Loch am Grund ausgestattet. Mit einem feinen Bohrer können jedoch weitere eingebracht werden. Nachteil: Die Wurzeln drängen sich an einer einzigen Stelle im Topfinneren zusammen.

Kaktus-Ästhetik: Eine schöne Sammlung mit verschiedenen Gefäßen auf der Fensterbank.

Maßnahmen zur Belüftung und Trocknung des Wurzelwerks einleiten. Kurzzeitiges Austopfen und anschließendes Auflockern des Substrats kann im Falle einer Überwässerung erste Abhilfe schaffen. Ist man sich dessen bewusst, darf ruhigen Gewissens mit Gefäßen aller Art variiert und gespielt werden. Der Kreativität sind in diesem Fall keinerlei Grenzen gesetzt. Reizvoll sind nicht nur Schalen, sondern auch

SMART

Schön – aber zweckmäßig?

> **Um nicht ständig** die Feuchtigkeit der Kakteenerde überprüfen zu müssen, sollten Sie die Pflanzen in einen Plastiktopf setzen, der dann in einen Übertopf gestellt wird. Direkte Pflanzungen in Endgefäße bedürfen einer regelmäßigen Kontrolle, um Wurzelfäulnis vorzubeugen.

Gläser, durchsichtige Vasen, Aquarien, Körbe, Kübel aller Art und Form, Tassen und sonstiges Geschirr, Dosen, Steingut und vieles mehr. Wichtig ist in jedem Falle, und das kann an dieser Stelle nicht oft genug betont werden, dass regelmäßig der Feuchtigkeitsstatus der verwendeten Erde überprüft wird. Ansonsten werden die sorgsam arrangierten Kakteen nicht lange Freude bereiten. ●

Für jede Wurzel der richtige Topf

Wie auch andere Pflanzen haben Kakteengewächse unterschiedliche Wurzeltypen. Bei der Haltung von Kakteen ist wichtig zu wissen, welche Wurzel die jeweilige Pflanze besitzt.

Wurzelvielfalt

▸ **Kakteen mit Rübenwurzel,** zum Beispiel Arten der Gattungen *Peniocereus, Sulcorebutia, Ariocarpus, Lopho-* *phora* und *Opuntia*, können auf Dauer nicht in schmale Schalen gepflanzt werden, da der Wurzel hier kein ausreichender Platz zur Entfaltung gegeben ist. Rübenwurzeln (die auch Pfahlwurzeln genannt werden) sind relativ dicke Organe, die sich im Gegensatz zu den feinen Wurzelfasern der Flachwurzler nicht innerhalb des gesamten Substrats verbreiten, sondern nach unten

Das Greisenhaupt Cephalocereus senilis.

wachsen. Vorteilhaft bei Rübenwurzeln ist die Fähigkeit, ebenso wie der sukkulente Pflanzenkörper Wasser speichern zu können.

▸ **Wurzelknollen** nehmen eine Sonderstellung ein. Sie neigen zum Sprossen und haben die eigentlichen Aufgaben einer Wurzel zum großen Teil aufgegeben. Sie erwachsen aus unterirdischen Sprossteilen und dienen hauptsächlich als Wasserspeicher. Solche Knollen finden wir unter anderem an manchen *Wilcoxia*- und *Opuntia*-Arten. Bei *Opuntia macrorhiza* entspringen den Wurzelknollen außerdem Nährwurzeln, was bei den diversen Rübenwurzlern ebenfalls zu beobachten ist.

▸ **Flachwurzler** sind am häufigsten im Reich der Kakteen anzutreffen. Sie sind im Hinblick auf das verwendete Topfmaterial relativ anspruchslos. Die in aller Regel verhältnismäßig dünnen Fasern verteilen sich gleichförmig unter der Erdoberfläche bzw. innerhalb des gesamten Substrats und suchen sich auf diese Weise den benötigten Platz. Solche

Kakteen, beispielsweise *Ferocactus-, Cereus-* und *Gymnocalycium*-Arten, lassen sich gut in flache Gefäße, in Schalen oder kleine Kübel pflanzen.

‣ **Die besondere Form der Wurzelsprossung** ist bei einigen hochwüchsigen Kakteen zu beobachten, zum Beispiel bei *Myrtillocactus*. Sie können aus unterirdischen Wurzeln neue Triebe bilden, die nach einiger Zeit aufschießen und dem Substrat entwachsen. Das ist allerdings in Heimkultur so gut wie nie der Fall.

‣ **Sich aus dem Wurzelsystem ableitende Luftwurzeln** bilden die bei vielen Kakteenfreunden beliebten Klettergewächse und Epiphyten, zum Beispiel *Rhipsalis-* oder *Hylocereus*-Arten. Diese dienen neben der Nährstoffaufnahme außerdem der Befestigung. Wir kennen das Prinzip von anderen Gartenpflanzen wie Efeu oder Knöterich. Luftwurzeln interessieren uns hinsichtlich der Topfwahl nicht, sind aber für die Pflanzen von Relevanz und sollten keinesfalls achtlos aus optischen Gründen abgeschnitten werden. Praktisch wären z. B. Nachbarpflanzen, an denen die Wurzeln Halt finden.

Minimalistisch-elegant: Cleistocactus strausii.

SMART

Wurzeltypen

› **Bei den Kakteen-Arten** unterscheiden wir zwischen verschiedenen Wurzeltypen, die auch für die Wahl des Gefäßes von Wichtigkeit sind. Wir kennen als Hauptgruppen

› Rübenwurzeln (Pfahlwurzeln)
› Wurzelknollen
› Flachwurzeln
› Luftwurzeln
› Sonderform: Wurzelsprosse

Licht und Temperatur

Kakteen haben zwar unterschiedliche Ansprüche an die Wachstumsbedingungen. Man kann aber, da die Pflanzen im Großen und Ganzen sehr widerstandsfähig sind, einige allgemeingültige Aussagen zur Wahl eines adäquaten Standortes treffen. Geeignet sind in der Wohnung ein Süd-, Ost- oder ein Westfenster. Nordfenster sind nicht sehr günstig, da die Lichtausbeute meist nicht ausreicht. Man sollte die Fensterbank direkt bevorzugen, inmitten eines Raumes nimmt die Lichtintensität rapide ab, sofern der Raum nicht über sehr große Fenster, Oberlichter, Dachfenster oder eine geringe Raumtiefe verfügt. Kakteen bevorzugen, abhängig von der jeweiligen Art, eine relativ hohe Umgebungstemperatur. Die Gewächse sollten so angeordnet sein, dass sie nicht permanenter Zugluft ausgesetzt sind und dass Sonnenlicht indirekt auf sie einstrahlt. Direkte Sonne kann die Pflanzen schädigen, besonders nach Behandlungsmaßnahmen wie dem Besprühen: Die Pflanzen könnten aufgrund der das Licht bündelnden Wassertropfen Verbrennungsschäden erleiden.

Luft zum Atmen

Für eine optimale Atmungsaktivität und die dafür notwendige Kohlendioxid-Versorgung ist auf genügend Frischluftzufuhr zu achten. Sauerstoff (O_2) benötigt der Kaktus natürlich für die Atmung, genau wie wir Menschen. Alle Pflanzen produzieren mit Hilfe ihres grünen Pflanzenfarbstoffes (Chlorophyll) während der Photosynthese selbständig Energie, bei der Sauerstoff quasi als „Abfallprodukt" entsteht. Trotzdem sollten in Wohnzimmer- bzw. Heimkultur gehaltene Kakteen keinesfalls einem steten muffigen und stickigen Klima ausgesetzt werden, da der von den Gewächsen frei werdende Sauerstoff nicht in der Lage ist, Küchendünste, Tabakrauch oder ähnliches ausreichend zu ersetzen. Einige Pflanzen, unter anderem auch die Arten der bekannten Kakteengattung *Schlumbergera* (siehe Kasten Seite 47), können giftige Bestandteile der Raumluft aufnehmen und in Sauerstoff umwandeln. Unter anderen beliebten Zimmerpflanzen sind beispielsweise der Drachenbaum (*Dracaena deremensis*) und die Efeutute (*Epipremnum pinnatum*) in der Lage, Formaldehyd, Benzol und Trichlorethylen

Schattenliebende Kakteen (Auswahl)

Nicht alle Kakteen benötigen volle Sonne. Einige dürfen guten Gewissens halbschattig untergebracht werden:

Binsenkaktus (*Rhipsalis*)
Weihnachtskaktus (*Schlumbergera*)
Laubkaktus (*Pereskia*)
Osterkakteen (*Hatiora, Rhipsalidopsis*)
Obregonie (*Obregonia denegrei*)

Ein Kakteen-Beet eines Sammlers mit künstlicher Beleuchtung.

abzubauen, der Philodendron filtert und wandelt das im Zigarettenrauch enthaltene Kohlenmonoxid um. Luftreinigende Sukkulenten sind der Bogenhanf (*Sansevieria trifasciata*), die Echte Aloe (*Aloe barbadensis*), der Kroton (*Croton*-Arten), die Palmlilie (*Yucca*-Arten), der Christdorn (*Euphorbia milii*) und das Flammende Käthchen (*Kalanchoe*-Arten). Trotzdem ist auch für Vertreter solcher „Nutzpflanzen" eine regelmäßige Frischluftzirkulation im Raum dringend notwendig. Tägliche Lüftungen bekommen den

SMART

„Raumluftreiniger" Kaktus

› Arten der Gattung *Schlumbergera* können die Umgebungsluft reinigen. Im Handel wird fälschlicherweise auch für *Rhipsalis*-Arten eine solche Wirkung angegeben. Verglichen mit der „ranghöchsten" Raumluft verbessernden Pflanze, dem Bostonfarn (*Nephrolepis exaltata*), filtert *Schlumbergera* aber nur relativ wenig Schadstoffe aus der Luft.

Pflanzen sicht- und spürbar. Direkte Zugluft hingegen kann Kakteen wie auch anderen Gewächsen schaden.

Wohl temperiert

Grundsätzlich gilt: Je heller die Umgebung, desto höher sollte auch die Temperatur sein. Dies gilt natürlich auch im Umkehrschluss und bringt mit sich, dass es den Kakteen im Allgemeinen lieber ist, wenn auf nächtliches Heizen verzichtet wird. Die Tatsache, dass unsere Kaktuspflanzen idealerweise am Fenster gehalten werden, garantiert uns tagsüber sonnenregulierte Temperaturen. ●

Gießen und Düngen

Kakteen bestehen je nach Art zu 80 % bis 95 % aus Wasser. Sie können die Flüssigkeit in ihren Zellen gut speichern und gehen aufgrund ihrer heimatlichen klimatischen Bedingungen wirtschaftlich damit um. Ein ausgewogenes Wasserverhältnis ist bei dieser Pflanzenfamilie sehr wichtig. Während der Hauptwachstumsphase, die in aller Regel auf den Zeitraum von März bis August fällt, benötigen die meisten Kakteen sogar relativ viel Feuchtigkeit. Wichtig ist, dass die im Substrat verborgene Wurzel nicht übermäßig gegossen wird und dass die aufgenommene Nässe wieder abziehen kann. Ein Kaktus wird gewässert, sobald das Substrat vollständig durchgetrocknet ist. Am besten lässt sich das mit dem Finger oder einem im Gartenfachhandel erhältlichen Feuchtigkeitsmesser kontrollieren. Für 10 bis 15,- Euro bieten viele floristische Geschäfte Geräte an, die über zwei Metallfühler verfügen. Diese werden in die Erde eingeführt und zeigen sowohl die Substratnässe als auch den entsprechenden pH-Wert und sogar die Lichtintensität an. Daher ist das Gerät gut für die Suche nach dem optimalen Standort gemäß der Vorlieben des jeweiligen Gewächses geeignet.

Vor Staunässe schützen

Im Hochsommer, ab Temperaturen von 25 °C, schützen sich Kakteen mittels einer äußeren Wachsversiegelung vor Austrocknung. Die Pflanze verdunstet nun zwar kein Wasser mehr, der sukkulente Pflanzenkörper kann aber auch kein Wasser mehr aufnehmen. In dieser Situation ist die Gefahr einer Staunässe mit darauffolgender Schimmelpilzbildung am größten. Staunässe bedeutet für viele Kakteen den sicheren Tod durch Wurzelfäulnis. Besonders, weil der Pflanzenpfleger meistenteils gar nicht merkt, dass die Pflanze vom Wurzelwerk her zu faulen beginnt. Solche Fehlbehandlungen beginnen mitunter sogar schon im Gartenmarkt. Die Kakteen stehen zumeist in treibhausartigem Klima und werden zusammen mit den anderen Gewächsen viel zu oft von den Mitarbeitern gegossen. Daher finden wir gelegentlich völlig verdorbene Exemplare im nicht auf Kakteen spezialisierten Handel (siehe Seite 38 f.).

Kakteendünger-Zusammensetzung

Düngemittel für eine erfolgreiche Kakteenkultur enthalten in aller Regel die folgende Zusammensetzung:

Stickstoff (ca. 5 %)

Phosphor (ca. 15 %)

Kalium (ca. 20 %)

Spurenelemente (Magnesium, Bor, Mangan)

Richtig gießen

Einen Kaktus gießt man – im Gegensatz zu den meisten anderen Gewächsen – am sichersten von unten. Den Topf mit Löchern im Boden stellt man zum Beispiel auf einen Teller, eine Schale oder einen größeren Übertopf und gießt das Wasser in die jeweilige Unterlage. Der Kaktus verbleibt nun so lange hier, bis sein Substrat sichtbar durchfeuchtet ist. Danach muss die Pflanze sofort aus dem Wasser, kurz abtropfen und zurück an ihren Platz.

Eine andere Möglichkeit ist die Anstaumethode, die jedoch nur für nicht zu sandiges Substrat geeignet ist, da ansonsten die Erde aufschwemmt. Hier wird der komplette Topf in ein Gefäß voller Wasser (beispielsweise eine Salatschüssel oder auch eine Badewanne) eingetaucht. Sobald sich im Wasser keine Luftbläschen mehr bilden, muss der Kaktus aus dem Wasser genommen werden, abtropfen und trocknen. Dann kommt er wieder an seinen Platz. Im heißen Sommer können

Kakteen auch komplett abgebraust werden. Das tut ihnen besonders gut. Dabei sollte man Pflanzen im Garten, auf dem Balkon oder am Fenster nicht in der grellen und aggressiven Mittagssonne besprühen oder abbrausen. Das Sonnenlicht wird durch anhaftende Wassertropfen verstärkt (Lupeneffekt) und fügt den Kakteen irreversible Verbrennungen zu. Zum Gießen benutzt man am besten lauwarmes, abgestandenes Leitungswasser oder sauberes Regenwasser.

SMART

Des Guten nicht zuviel!

› **Regelmäßiges Düngen** ist für Kakteen wie auch für andere Gewächse überlebenswichtig und begünstigt die Blütenbildung. Zu viele Nährstoffe schaden den Pflanzen jedoch ebenso wie eine zu sparsame Verabreichung. Die meisten Kakteen benötigen aufgrund ihrer kargen heimatlichen Lebensbedingungen nur seltene Düngergaben.

Kakteen düngen

Gedüngt werden fast alle Kakteen nur im Frühjahr und Sommer bis Ende August. Eine Düngung ist nur dann nötig, wenn der Kaktus die Nährstoffe seines Substrats aufgebraucht hat, die dann durch Dünger wieder hinzugefügt werden müssen. Pflanzenfreunde sollten wenigstens einmal im Jahr, etwa Ende März, ihre Kakteen düngen. Das reicht vielen Pflanzen in der Regel. Besser ist allerdings eine Wiederholung der Prozedur, zum Beispiel im Juli. Die Porträts auf den Seiten 30 ff. geben zu einigen Arten Düngetipps, da viele Kakteen bei regelmäßiger Nährstoff-Auffrischung sichtlich besser wachsen. Man benutzt handelsüblichen Spezial-Kakteendünger. Dieser ist besonders stickstoffarm, was auf die Dauer überlebenswichtig für fast alle Kakteen-Arten ist. Werden die Pflanzen alle zwei Jahre umgetopft, ist das sowieso mit Substraterneuerung verbunden und eine anschließende Düngung wird damit unnötig. ●

Vermehrung: Aussaat und Stecklinge

Für die Anzucht aus Samen (generative Vermehrung) gibt es spezielle Zimmergewächshäuschen, auch eignen sich einfache Aussaatschalen oder kleine Töpfchen. Die von den Kakteensamen benötigte Luftfeuchtigkeit wird mittels eines Deckels oder einer Glasscheibe gewährleistet. Bringen Sie in das Anzuchtgefäß eine relativ dünne Schicht Kak-

teenerde ein, die komplett durchfeuchtet werden muss. Den Samen direkt aus der Packung auf die Erde geben und nur leicht andrücken. Eine dünne Schicht Sand über der Saat schützt vor Schimmelpilzbefall. Bringen Sie die Aussaat in der Nähe einer Lichtquelle unter, entweder Sonnenlicht oder künstliche Beleuchtung. Auf ausreichende Belüftung

achten! Wenn sich nach einiger Zeit aus den Samen kleine Kakteen gebildet haben, werden diese Sämlinge pikiert, d. h. vereinzelt. Dafür müssen Sie um die Pflänzchen zuerst die Erde ein wenig lockern. Mit einer Pikiergabel und einer Pinzette werden die einzeln kleinen Kakteen vorsichtig entnommen und in separate Töpfe gesetzt. Zwischen den einzelnen Pflänzchen lässt man etwa 2 bis 3 cm Platz. Stetes Gießen und Beobachten ist Pflicht: Sobald sich die neuen grünen Sprosse zeigen, wurde Ihre Mühe belohnt!

Aus eins mach' zwei

Um Kakteen aus Pflanzenteilen, also vegetativ zu vermehren, werden Stecklinge gewonnen. Dazu teilen Sie die Mutterpflanze vorzugsweise in der Mitte mit einem sauberen, scharfen und dünnen Messer. Man wählt in etwa die Mitte, weil oben liegende Partien noch zu jung sind und als Steckling

Wichtige Utensilien zur Stecklingsgewinnung

Sie sollten darauf achten, dass Ihr Handwerkszeug für die vegetative Vermehrung sauber und in gutem Zustand ist:

ein dünnes, sauberes, scharfes Messer

Gärtnerhandschuhe

Pinzette und /oder Lappen, um Stecklinge zu fassen

eine saubere Unterlage

Topfmaterial je nach Größe der Stecklinge

geeignetes Substrat zum Eintopfen

Der bewurzelte Steckling kann nun eingetopft werden.

am Schnitt leicht faulen und weil der untere, ältere oder älteste Teil der Pflanze nur sehr schwer Wurzeln treibt. Der frische Steckling wird konisch zugeschnitten. Das geschieht, indem Sie die einzelnen Rippen schräg in Richtung der Kaktusmitte anschneiden. Achten Sie darauf, das ringförmige Leitbündel nicht zu verletzen. Die nun in ein paar Wochen entstehenden Wurzeln haben keine andere Wahl, als gerade und sauber nach unten zu wachsen – vorausgesetzt, der Steckling wird aufrecht gelagert. Nun warten Sie, bis sich neue Wur-

SMART

Kakteensamen kaufen

› **Kaktussaatgut,** das als Mischung überall erhältlich ist, beinhaltet eine ungewisse Anzahl verschiedener Arten. Der Einsteiger wird die Sämlinge nicht identifizieren können und zwangsläufig Schwierigkeiten bei der Behandlung der Pflanzen bekommen. Der Fachhandel bietet hingegen Samen für jede Kakteen-Art an. Das erleichtert die artspezifische Kakteenpflege.

zelfaserchen gebildet haben. Das kann, je nach Art, bis zu sieben Wochen dauern, teils auch länger. Dann wird der Steckling eingetopft. Einige Arten, beispielsweise *Astrophytum*, werden speziell bewurzelt. Nach dem Austrocknen der Schnittstelle setzt man den Steckling auf mineralisches, trockenes Substrat, etwa ein Gemisch aus Sand und Erde. Hier bildet er dann innerhalb weniger Wochen neue Wurzeln. Bei Seitentrieb bildenden Kakteen kann im günstigsten Fall ein Kindel einfach abgedreht und bewurzelt werden. Manche Ableger bilden bereits an der Mutterpflanze eigene Wurzelchen. ●

Durch Pfropfen
veredeln

Eine weitere Methode der Vermehrung, aber auch der Veredlung von Kakteen, ist das Pfropfen. Der Steckling wird auf einen anderen Kaktus aufgesetzt und verwächst mit diesem. Das bietet den Vorteil, dass die Pflanzen schneller wachsen als im wurzelechten Zustand.

Grundsätzlich gibt es drei Methoden, einen Kaktus zu veredeln: die Flachpfropfung, die Spaltpfropfung und die Seitenpfropfung. Die Flachpfropfung ist die häufigste Veredlungsmethode. Kugelkakteen und ähnliche werden im Grunde immer auf Säulenkakteen veredelt. Der Pfröpfling wird gewonnen wie ein Steckling. Will man einen noch jungen Kaktus veredeln, um ihn schneller wachsen zu lassen oder um ihn vor Krankheit zu schützen, schneidet man den Pfröpfling so weit unten wie möglich ab. Soll aber ein älterer, z. B. kranker Kaktus gerettet werden, schneidet man ihn an einer noch gesunden Stelle ab, egal ob oben oder unten. Wie auch beim Steckling, müssen noch die Seiten des Pfröpflings abgekantet werden. Die Schnittstelle wird nicht ausgetrocknet, sondern allenfalls zur Verhinderung von Fäulnis mit Holzkohlepulver gepudert.

① ◄ Als Pfropfunterlage dienen im Grunde alle Säulenkakteen ohne Seitentriebe – vornehmlich solche, die wenige oder gar keine Dornen besitzen und am besten nicht zu rutschig sind. *Myrtillocactus* eignet sich ebenso wie zum Beispiel verschiedene *Trichocereus*-Arten. Die zukünftige Unterlage wird also an einer dicken Stelle und etwa 10 cm über der Wurzel sauber und gerade abgeschnitten. Der abgenommene Teil kann wieder bewurzelt und als Steckling weiter verwendet werden.

② ◄ **Nun muss die Schnittstelle** abgekantet werden. Dazu schneidet man mit einem sauberen und scharfen Messer jede Rippe separat schräg an, so dass der Durchmesser der Pfropfunterlage annähernd dem des Pfröpflings entspricht. Dieser Schrägschnitt verhindert, dass sich die Unterlage beim Austrocknen nach oben verhärtet und den aufgesetzten Steckling beschädigt oder einengt.

▶ **Der gewonnene Pfröpfling** wird unter einer leichten Drehbewegung behutsam, aber doch recht fest so auf den Strunk gesetzt, dass die ringförmigen Leitbündel sich berühren. Die Drehung verhindert, dass sich zwischen den Schnittstellen Luftbläschen bilden, welche Keimen und Pilzen eine gute Angriffsfläche bieten.

③

④ ▲ **Abschließend werden zwei Gummiringe** zum Fixieren vorsichtig und kreuzweise um das komplette Gebilde geschlungen. Die Kerben am Boden des Topfes sind dabei nützlich. Passen Sie auf, dass die dornigen Pfröpflinge nicht von der Unterlage rutschen oder bei zu straffem Gummi zerdrückt werden.

Spezial

Krankheiten und Kulturfehler

Pilz-, Virus- und Bakterien- infektionen sind für den Laien schwer zu identifizieren und behandelbar. Befallene Kakteen weisen faulige, matschige, schwammige, weiche, manchmal auch glasige Stellen auf und werden bräunlich bis dunkelbraun. Im Notfall kann ein Rettungsschnitt Abhilfe schaffen; in den meisten Fällen ist aber eine Entsorgung der Pflanzen die letzte Möglichkeit.

Merkmale falscher Kulturbedingungen

Nicht nur Krankheiten, auch falsche Behandlungsmaßnahmen können Kakteen nachhaltig schädigen. Daher ist es besonders wichtig, den Pflanzen die korrekte Pflege zuteil werden zu lassen.

‣ **Algen/Moos** Die Pflanze wird zu feucht gehalten.

‣ **Aufplatzen/Einreißen** Der Kaktus wurde zu oft gegossen. Gießen einstellen und Wunden nicht mit Wasser in Berührung bringen.

‣ **Chlorose** Unschön verfärbte Pflanzen, hervorgerufen durch Nährstoffmangel oder Kalküberschuss, leiden unter einer Chlorose. Das verwendete Substrat weist einen für den Kaktus falschen pH-Wert auf. Der Kaktus muss mit Kakteen-Spezialdünger gedüngt werden, besser ist ein sofortiges Umtopfen in frisches Substrat.

‣ **Etiolement** (Vergeilen, Aufschießen): Der Kaktus leidet unter Lichtmangel und entweder zu feuchter oder zu warmer Umgebung.

‣ **Frost- und Kälteschaden** Viele Kakteen verfärben sich und werden schlaff bei Temperaturen ab 15 °C und niedriger. Sinken die Temperaturen unter 0 °C, neigen viele Kakteen zum Platzen. Die in der Zelle des Kaktuskörpers gespeicherte Flüssigkeit gefriert, dehnt sich aus und reißt ein. Nach dem Auftauen bieten solcherlei geschädigte Pflanzen die beste Angriffsfläche für pilzliche Erreger.

‣ **Hockenbleiben (Sitzenbleiben)** Der Kaktus wächst nicht weiter. Ursachen

Ein durch Pilzinfektion zerstörter Kaktus.

können sein: Lichtmangel, Hitzestau, ungünstiges Substrat, Schädlinge, zu wenig Wasser. Die Pflanze muss beobachtet werden, gegebenenfalls räumliche Veränderung oder Änderung der Kulturgewohnheiten (Gießen, Düngen, Substrat) vornehmen.

▸ **Knospenverlust** Pflanze wurde entweder Zugluft ausgesetzt, frisch gekauft und somit verbunden mit radikalem Standortwechsel ausgesetzt (zum Beispiel vom Treibhausklima der Gärtnerei auf die Küchenfensterbank), oder sie leidet unter Wassermangel. Möglicherweise sind auch tierische Schädlinge die Ursache.

▸ **Verbrennung** Der Kaktus hat Brandflecken, die Epidermis reißt unter Umständen ein. Kommt häufig nach der Winterruhe vor, wenn die Pflanzen direkt der heftigen Spätwinter- oder Frühjahrssonne ausgesetzt wer-

Bei Überwässerung reißt der Pflanzenkörper ein.

den. Eine temporäre kühle Lagerung ist erforderlich (etwa zwei bis drei Wochen). Weitere Kultur mit Sonnenschutz aus Zeitung oder Seidentuch.

▸ **Verkorkung** Verkorkungen von jüngeren oder jungen Trieben können verschiedene Ursachen haben: Verbrennung, Schädlinge, unzureichende Frischluft, Nährstoffmangel. Die Pflanze am besten sofort umtopfen und für eine Weile genau beobachten. ●

SMART

Pilze und Viren an Kakteen

▸ **Pilze:** *Diplodia, Fusarium, Gleosporium, Phytium, Phytophtora,* Rostpilze, Rußtau, Schimmelpilze, *Sclerotium* und Vermehrungspilze.

▸ **Viren:** Neben einigen anderen ist das sogenannte Cactus-X-Virus für Kakteen am gefährlichsten, dessen Schadbild von dem der Pilze nicht unterscheidbar ist.

Schädlinge an Kakteen

Folgende tierische Schädlinge können die Gesundheit Ihres Kaktus' beeinträchtigen oder ihm lebensbedrohliche Schäden zufügen:

▸ **Blattläuse** Saugen am Pflanzenkörper und scheiden den so genannten Honigtau aus. Der durch die Einstiche und Ausscheidungen entstandene Rußpilz schädigt die Pflanze. Empfehlenswert ist die Behandlung mit Neem® Schädlingsfrei, alternativ können die Tiere auch mit der Hand entfernt und die befallenen Pflanzen abgewaschen oder mit Flüssigseife abgerieben werden.

▸ **Dickmaulrüssler, Rüsselkäfer** Fressen Triebe und Blätter an, die Larven sitzen im Substrat und schädigen das Wurzelwerk. Die Pflanze welkt mit der Zeit und fällt schließlich in sich zusammen. Es bietet sich an, die Käfer von Hand abnehmen und Raubnematoden als Nützling einzusetzen.

▸ **Nematoden, Wurzelälchen** Sitzen an der Wurzel und sind nicht sichtbar. Befallene Pflanzen minimieren ihr Wachstum oder stellen es ganz ein. Bei Nematodenbefall lautet die Devise meist: Schnell Stecklinge sichern und die Pflanzen dann verbrennen.

▸ **Schildläuse** Liefern ein Schadbild wie Schmier- oder Blattläuse. Mit einem in warmem Seifenwasser getränkten Tuch wird die gesamte Pflanze gewissenhaft und mehrfach abgewischt. Im Fachhandel gibt es Schlupfwespen als Nützlinge.

▸ **Schmierläuse, Wollläuse** Sehen aus wie kleine, weißlich-graue Asseln und bilden am Kaktuskörper weiße Gespinste. Die Schmierlaus verursacht die gleichen Schädigungen wie die leicht zu entfernende Blattlaus. Sie ist allerdings schwieriger zu bekämpfen. Befallene Pflanzen werden mit systemischen Mitteln oder öligen Substanzen (zum Beispiel Paraffinöl) behandelt.

▸ **Sciara-Fliegen, Trauermücken** Die Larven schädigen hauptsächlich die Aussaat und Sämlinge. Abhilfe schaffen Gelbtafeln, an denen die Schädlinge kleben bleiben. Praktisch sind Raub-

Das typische Schadbild der Wolllaus ...

nematoden und Raubmilben als Nützlinge.

▸ **Spinnmilben, Rote Spinne** Mit der Lupe sind winzige rote Punkte sichtbar. Mit der Zeit werden die betroffenen Regionen blass und gräulich-weiß, gelblich-braun oder korkig. Praktisch ist eine Behandlung der befallenen Pflanze mit Neem®. Alternativ kann die Luftfeuchtigkeit erhöht werden, beispielsweise mit einer Plastiktüte.

▸ **Thrips, Blasenfüße** Hinterlassen ein ähnliches Schadbild wie die Spinnmilbe. Bekämpfung durch Erhöhung der Luftfeuchtigkeit. Es

... und das der Roten Spinne.

können Gelbtafeln und die Raubnematode als Nützling eingesetzt werden.

▸ **Weichhautmilben** Sie befallen mit Vorliebe die jüngeren Triebe. Die Pflanze verkrüppelt nach und nach. Sinnvoll ist eine Behandlung mit Neem®-Schädlingsfrei. Alternativ kann die Luftfeuchtigkeit erhöht werden.

▸ **Wurzelläuse** Im Wurzelbereich bilden sich kokonartige, weiß-graue Geflechte. Die Wurzel wird krank und faulig. Erde und Wurzelwerk sauber entfernen, den

unteren Teil des Kaktus' abtrennen und neu bewurzeln lassen. Spezielle Raubmilben-Arten können bei der Bekämpfung der Wurzelläuse wertvolle Dienste leisten.

SMART

Schmierseifenlösung

Eine effektive Seifenlösung gegen Schädlinge wie Blatt- und Schildläuse aus eigener Herstellung:
› vier Teile Wasser
› ein Teil Reinigungsalkohol
› ein Teil flüssige Schmierseife (z. B. Neudosan®)

Winterruhe einhalten

Pflanzenfreunde, die bereits Erfahrung mit Kübelpflanzen besitzen, kennen vielleicht schon die Besonderheit der Winterruhe. So müssen beispielsweise viele Gewächse aus amerikanischen Gefilden während der Winterzeit untergestellt und in der Haltung den jahreszeitlichen Bedingungen angepasst werden – so auch die Kaktuspflanzen.

Das Winterquartier

Ab Oktober sollten die meisten Kakteen in einem gesonderten Winterquartier aufbewahrt werden. Dort verbleiben sie bis Ende März. Dabei sollen die Pflanzen nicht direkt am Fenster stehen, aber in einer hellen und vor allem ausreichend zu belüftenden Ecke des Raumes. Geeignet ist beispielsweise der Keller oder die dem Haus angeschlossene und somit temperierte Garage. Die Umgebungstemperatur sollte bis zu 15 °C betragen. Während der Winterruhe reduzieren die Kakteen ihre natürlichen Körperfunktionen auf ein Minimum und bereiten sich auf die Blüte im nächsten Jahr vor. Sie sollten wenig Stress ausgesetzt sein.

Im Winter gießen?

Es wird minimal und bedarfsorientiert gegossen. Einige Kakteenliebhaber wässern etwa vierzehntägig und nur tröpfchenweise. Andere gießen ihre Pflanzen während der gesamten Winterruhe überhaupt nicht. Ich ziehe es vor, die Kakteen nur sparsam und vor allem nach den besonderen Ansprüchen der einzelnen Arten zu gießen. Die optimale Behandlung der verschiedenen Gewächse wird sich im Lauf der Zeit herauskristallisieren und der Pflanzenpfleger mit jedem Jahr der Kakteenhaltung sicherer und routinierter.

Ausgetopft überwintern

Eine andere Methode ist ebenfalls tauglich: Kakteen können während der Ruhephase ausgetopft und locker in Papier gebettet, zum Beispiel in einer Zeitungsseite, gelagert werden. Trotzdem müssen die Pflanzen nicht komplett auf minimale Wassergaben verzichten. Das kurze Eintauchen oder Besprengen der Wurzeln,

Kakteen, die nicht ins Winterquartier kommen

Nicht alle Kaktuspflanzen müssen im Winter gesondert aufgestellt werden. Einige Arten lassen sich durchaus am Sommerstandort weiterkultivieren:

Weihnachtskakteen (*Schlumbergera*-Arten)

Binsenkakteen (*Rhipsalis*-Arten)

winterharte Freilandopuntien (diverse Arten)

frostharte Echinocereen u.a.

Eine besonders schöne Pflanze: der Seeigelkaktus Astrophytum asterias.

idealerweise mit leicht erwärmtem Wasser und nicht allzu häufig, verschafft den ruhenden Pflanzen eine kleine Kraftspritze und Wohltat. Zudem bringt die Methode des Austopfens den Vorteil mit sich, dass die Gewächse zum Frühjahr in frisches Substrat gesetzt werden.

Zu neuem Leben erwecken

Zum Ende der Winterruhe (etwa gegen Ende März/Anfang April) können die Kakteen wieder an ihren Platz gestellt werden. Wenn allerdings im Frühling an manchen Tagen die Sonne schon recht intensiv scheint, so sollten Sie die Pflanzen mit Zeitung abdecken. Das schützt sie zum einen vor zu rascher Weiterbildung, zum anderen vor Verbrennungen. Die Frühjahrssonne tut bei direktem Einfall den noch schlaffen und nicht wieder vollständig aus der Winterruhe erwachten Kakteen nicht gut. Gegen Ende Februar beginnen Sie allmählich wieder mit dem Gießen, allerdings nach Möglichkeit nur vorsichtig und nicht übermäßig. Ab

März/April starten dann die meisten Kakteen mit ihrer Hauptwachstumszeit, und die Pflegemaßnahmen werden entsprechend angepasst.

SMART

Wo überwintern?

› **Kellerräume** dürfen nicht feucht und dunkel, Garagen müssen abgeschlossen und temperiert/beheizt sein. Autoabgase schädigen die Pflanzen. Besser geeignet: Dachböden, Treppenhäuser oder Orte, an denen nicht stark geheizt wird, z. B. Schlafzimmer.

Kalendarium Kaktuspflege

Januar / Februar

▸ Die meisten Kakteen befinden sich im Januar noch in der Winter-ruhe und sollten nur sehr sparsam und am frühen Morgen gegos-sen werden. Ab Februar dürfen die Pflanzen ein wenig mehr Wasser bekommen. Jetzt ist die beste Zeit, die Kakteen mit einer Lupe auf Schädlinge, insbesondere auf Schild-, Woll- und Wurzelläuse, zu untersuchen.

März / April

▸ Anfang März erwachen bei den Pflanzen die Lebensgeister. Bis sich erste Blütenansätze zeigen, wird noch sparsam gewässert. Das frische Substrat kann allmählich vorbereitet werden und gegen Ende März/ Anfang April kommen die Kakteen an ihren Sommerstandort. Bei star-kem Sonneneinfall sollten Sie die Pflanzen noch leicht schattieren.

Mai

▸ Im Mai benötigen die meisten Kakteen normale, den jeweiligen Ansprüchen entsprechende Wassergaben. Die robusteren Arten kön-nen getrost ihren Platz im Garten oder auf dem Balkon beziehen. Pfropfunterlagen und Stecklinge können nun vorbereitet werden. Jetzt ist eine gute Zeit für die Aussaat von Kakteensamen und erste Schädlingsbekämpfungsmaßnahmen.

Juni

▸ Im Juni, dem Beginn der eigentlichen Hauptsaison vieler Kakteen, können weitere Stecklinge geschnitten und bewurzelt werden und die ersten, zu dicht stehenden Sämlinge der Aussaat sollte man nun pikie-ren. Halten Sie nach Schädlingen Ausschau und bekämpfen Sie diese. Sie können nun auch pfropfen und kontrolliert düngen.

Juli

▸ Die Pflegemaßnahmen der Vormonate (Düngen, Umtopfen, Besprühen, Pikieren der Sämlinge, Stecklingsgewinnung und Pfropfung) können fortgesetzt und letzte Aussaaten unter natürlichem Sonnenlicht
vorgenommen werden. Schädlingssuche, -bekämpfung und -prophy-
laxe sollten Sie nach wie vor regelmäßig durchführen. Viele Kakteen
erfreuen uns nun mit ihrem Blütenflor.

August

▸ Langsam, aber sicher sollten Sie Ihre Kakteen abhärten. Häufige
Frischluftgaben und artgemäßer Zugang zu voller Sonne schützen
die Pflanzen vor dem Verweichlichen. Mit Rücksichtnahme auf die
Sonneneinstrahlung sollten Sie das Besprühen der Kakteenkörper
reduzieren.

September

▸ Im September bereiten Sie die meisten Kakteen sukzessive auf
die bevorstehende Winterruhe im Oktober vor. Ausreichend lüften.
Wassergaben werden peu à peu reduziert und auf die Morgenstunden
beschränkt. Gegen Ende des Monats, noch vor den ersten Nachtfrös-
ten, sollten Ihre Kakteen wieder in der Wohnung Quartier nehmen.

Oktober / November / Dezember

▸ Anfang Oktober kommen die meisten Kakteen in ihr ausreichend
helles und entsprechend der Ansprüche beheiztes, nicht zugiges
Winterquartier. Die Wässerung auf ein Minimum herunterfahren.
Im November eine Kontrolle auf Schädlingsbefall durchführen. Im
Dezember ist eine 14-tägige Gießkontrolle ausreichend.

Kalendarium

Infoecke

Kakteengärtnereien

Kakteen-Haage
Blumenstraße 68
99092 Erfurt
www.kakteen-haage.de

Uhlig-Kakteen
Hegnacher Straße 31
71394 Kernen
www.uhlig-kakteen.de

Kakteen Schwarz
An der Bergleite
90455 Nürnberg
www.kakteen-schwarz.de

Spezialgärtnerei für winterharte Kakteen und Yucca
Bergstr. 10
73466 Lauchheim-
Röttingen
E-Mail:
info@kakteengarten.de
Internet:
www.kakteengarten.de

Sukaflor AG
Brunnmattstraße 21
5614 Sarmensdorf, Schweiz
www.sukaflorag.ch

Zum Autor

▶ **Markus Berger,** geb. 1974 in Kassel, ist freischaffender Schriftsteller und Journalist mit einem Faible für Kakteen. Er arbeitet für zahlreiche internationale Verlage und Magazine. Er wird regelmäßig im In- und Ausland zu Lesungen und Vorträgen geladen, jüngst in San Francisco, Barcelona, Basel und Berlin. Markus Berger ist Autor zahlreicher Bücher und lebt im nordhessischen Knüllgebirge bei Kassel. Informationen unter **www.markusberger.info.**

Literatur

▶ **Delange, Yves:** Kakteen auswählen und pflegen, Stuttgart: Eugen Ulmer Verlag 2006

▶ **Dopp, Holger:** Kakteen – kennen und pflegen, Stuttgart: Eugen Ulmer Verlag 1998

▶ **Götz, Erich; Gröner, Gerhard:** Kakteen – Kultur, Vermehrung und Pflege. Lexikon der Gattungen und Arten, Stuttgart: Eugen Ulmer Verlag 2000

▶ **Haage, Hans Friedrich:** Kakteen, Stuttgart: Eugen Ulmer Verlag 2004

Bildquellen

Umschlagseite vorne: mauritius images/ photolibrary
Umschlagrückseite links: Strauß, Friedrich, rechts: Reinhard, Hans.
Boucourt, Franck Seite 52, 53 oben, 53 unten re., 53 unten li.
Gröner, Gerhard Seite 54.
Haage, Hans Friedrich Seite 55.
Haugg, Erich Seite 31 rechts, 51, 56, 57.
Reinhard, Hans Seite 21.
Smit, Daan Seite 2/3, 6/7,

8, 9, 11, 12, 13, 14, 15, 16, 26, 27, 30, 32 oben, 32 2. v. o., 32 unten, 33 2. v. o., 33 2. v. u., 33 unten, 34 2. v. o., 34 2. v. u., 34 unten, 35 oben, 35 2. v. o., 35 2. v. u., 35 unten, 39, 47, 59, 64.
Stork, Jürgen Seite 25.
Strauß, Friedrich Seite 4, 5, 17, 18/19, 20, 22, 23, 28, 29 oben, 29 unten, 31 links, 31 Mitte, 32 2. v. u., 33 oben, 34 oben, 36/37, 41, 43, 44, 45, 65 oben, 65 unten.

Impressum

Bibliografische Information der Deutschen National-bibliothek
Die Deutsche Nationalbibliothek verzeichnet diese Publikation in der Deutschen Nationalbibliografie; detaillierte bibliografische Daten sind im Internet über http://dnb.d-nb.de abrufbar.

© 2007 Eugen Ulmer KG
Wollgrasweg 41, 70599 Stuttgart (Hohenheim)
E-Mail: info@ulmer.de
Internet: www.ulmer.de
Lektorat: Karin Wachsmuth
Umschlag- und Innengestaltung: X-Design, München
DTP: juhu media, Susanne Dölz, Bad Vilbel
Druck und Bindung: Litotipografia-editrice Alcione, Trento
Printed in Italy

ISBN 978-3-8001-4997-1

Infoecke

Kakteenverbände

Deutsche Kakteen-Gesellschaft e.V.
Oos-Straße 18
D-75179 Pforzheim

Schweizerische Kakteen-Gesellschaft
Eichstraße 29
CH-5432 Neuenhof

Gesellschaft Österreichischer Kakteenfreunde
Buchenweg 9
A-4810 Gmunden

Succulenta
Banninkstraat 5
NL-7255 AT Hengelo (Gld).
h.roozegaarde@planet.nl

Haftung

Der Autor und der Verlag haben sich um richtige und zuverlässige Angaben bemüht. Fehler können jedoch nicht vollständig ausgeschlossen werden. Eine Garantie für die Richtigkeit der Angaben kann daher nicht gegeben werden. Haftung für Schäden und Unfälle wird aus keinem Rechtsgrund übernommen.

Blühende Kakteen

Damit Kakteen zur Blüte gelangen, sollten Sie einige Punkte beachten. Dann sind die besten Voraussetzungen für blühwillige Kaktuspflanzen und für eine erfolgreiche Kultur ohne Enttäuschungen geschaffen.

Das Blühverhalten hängt von der Art des jeweiligen Kaktus' ab. Großwüchsige Säulenkakteen, zum Beispiel *Myrtillocactus*, blühen erst in fortgeschrittenen Alter und bei ausreichender Größe. Zum anderen müssen auch kleinwüchsige Kakteen immer erst ihr blühfähiges Alter erreichen – und das ist sehr individuell. Einige Arten können bereits nach einem Jahr Knospenansätze bilden, andere benötigen zehn Jahre und mehr. Sollen Kakteen zur Blüte angeregt werden, müssen sie stickstoffarm ernährt, also kali- und phosphatbetont gedüngt werden. Kakteendünger enthält nur geringe Stickstoffanteile, dafür aber mehr Kalium und Phosphor und ist damit als „Blühdünger" gut geeignet. Unbedingt einhalten müssen Sie die alljährliche Ruhezeit, die bei den meisten Kakteen auf den Winter fällt. In dieser Zeit sammeln die Gewächse Kraft fürs neue Jahr und bilden ihre Knospenansätze.

① ◄ **Diese reich und bunt** blühende *Rebutia krainziana*-Hybride gehört zu den kleinwüchsigen, schnellblühenden und sprossenden Kakteen. Die Wildform dieses Kaktus', die vermutlich aus Argentinien stammt, blüht in einem satten Rot-Ton. Durch Kreuzung wurden die Blütenfarben um Weiß und Orange ergänzt. Die Blütezeit dieses leicht zu pflegenden Kaktus' liegt recht zuverlässig im Frühjahr, oft blüht die Pflanze auch im Herbst noch einmal.